국밥

제주에서 서울까지,
삶을 말아 낸 국 한 그릇

국밥

제주에서 서울까지, 삶을 말아낸 국 한 그릇

초판 1쇄 발행 | 2019년 9월 25일
지은이 | 한국음식문화포럼(김준, 박정배, 양용진, 이춘호, 최원준)

펴낸곳 | 도서출판 따비
펴낸이 | 박성경
편   집 | 신수진, 차소영
디자인 | 이수정
출판등록 | 2009년 5월 4일 제2010-000256호
주소 | 서울시 마포구 월드컵로28길 6(성산동, 3층)
전화 | 02-326-3897
팩스 | 02-337-3897
메일 | tabibooks@hotmail.com
인쇄·제본 | 영신사

*잘못된 책은 구입하신 서점에서 바꾸어 드립니다.

ISBN 978-89-98439-71-2 03380
값 13,000원

국밥

제주에서 서울까지,
삶을 말아낸 국 한 그릇

한국음식문화포럼 지음

따비

바야흐로 민주民主가 아니라 '식주食主'다. 그래서 민주주의보다 '식주주의食主主義'가 더 어울리는 세상이 도래한 것 같다. 이 흐름을 주도하는 자가 바로 '식객食客'이다. 그들은 음식 칼럼니스트, 음식 전문기자, 외식업 컨설팅전문가, 요리연구가, 향토사학자, 여행작가, 푸드블로거, 방송인 셰프, 호텔조리학과 교육자 등 여러 직군으로 갈라진다.

이토록 다양한 식객군이 존재하지만 정작 현재 우리의 식객문화는 상당히 '불통'이다. 그래서 담론의 선순환이 아쉽다. 식객과 식문화 전문가 사이의 지식 교류가 극도로 미약하다.

그래서 그들의 상반된 견해가 제대로 정리·정돈되지 않고 있다. 자연 일방적 주장만 있다.

먹방과 쿡방도 방송사 편한 대로 진행한다. 유명인이 말하면 왜곡된 정보도 금세 진실이 되고만다. 바쁜 방송 일정에 쫓긴 프로그램 담당 구성작가의 흥미유발 위주의 예능식 구성안이 음식문화를 왜곡하기도 한다. 정확한 음식문화와 방송국의 잡담 인문학은 이제 구별되어야 한다.

이 모두 식객 책임이라 하지 않을 수 없다. 서로가 가진 정보가 과연 사실인지 아닌지 검증하려면 일단 식객끼리 모여 공부하고 토론해야 한다. 그래야 한국 음식문화가 더욱 심대해질 수 있고 국제적 위상을 가질 수 있는 것이다. 하지만 음식전문가는 다들 '교주'이다. 누구도 잘 인정하려 들지 않는다. 걸러지지 못한 식객담론 때문에 '식품파동'까지 야기하고 있는 게 현실이다.

2년 전, 미식가적 안목과 음식연구가적 자세를 가진 팔도의 식문화 전문가들이 이런 문제의식 아래 의기투합해 하나의 모임을 탄생시켰다. 바로 '한국음식문화포럼'이다. 한·중·일 음식의 기원은 물론 전국 원조식당의 실체, 팔도 제철 식재료 및 특산물 정보 등을 공유하는 '음식문화 콘텐츠뱅크' 같은 모임이었다.

서울권은 음식 칼럼니스트 박정배 씨와 김성윤《조선일보》음식 전문기자 등이, 제주도는 양용진 제주향토음식보전연구원장 겸 제주음식 전문 레스토랑 '낭푼밥상' 대표가, 부산·경남권은 최원준 동의대학교 평생교육원 교수가, 통영 및 남해안권은 사진가 겸 요리연구가인 이상희 통영음식문화연구소장이, 대구·경북권은 이춘호《영남일보》음식 전문기자가, 전라도권은 섬과 갯벌문화 전문가인 김준 광주전남연구원 책임연구위원 등이 참여하고 있다. 이들은 3개월마다 전국을 돌며 한 번씩 만나 그간의 푸드 트렌드를 체크해가며 공유하고, 새로운 식재료 등을 공부하며 수시로 해외 푸드투어도 다녀온다.

이번에 함께 써 출간하는《국밥》은 이런 활동의 연장에서 파생된 수확물이다. '국, 탕'이 한식의 한 축이라는 전제하에 첫 번째 책의 주제로 정하고 전국의 국탕문화를 일별하기로 했다.

한식에 대한 정보의 확대와 인식의 지평이 넓어지면서 지역음식에 대한 관심과 이해도 높아지고 있다. 지역음식의 깊은 이해가 바탕이 돼야 한식 내연이 깊어지고 외연이 확대될 것이다. 지역음식 연구자들에 의한 음식 연구와 타 지역과의 교류와 연구는 한식이 다음 단계로 도약하는 데 주춧돌이 될 것이다. 향후 한국음식문화포럼은 팔도의 국수, 전국 노포 같은 다양한 주제로 시리즈물을 낼 계획이다. 강호제현의 질정을 바라는 바이다.

2019년 한국음식문화포럼 일동

· 차례 ·

경조사를 위한 특별한 탕국,
몸국과 제주 육개장

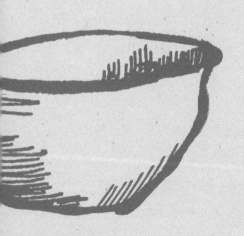

양용진

제주 토박이다. 제주향토음식 1호 명인인 모친의 연구를 토대로 30여 년간 제주의 향토음식문화에 대한 재조명 작업을 진행하고 있다. 특히 기록이 존재하지 않는 전통음식의 근본을 찾는 작업을 진행하며, 가족기업으로 요리학원과 제과학원을 운영하고 있고, 슬로푸드와 로컬푸드 활동가로서 방송과 기고 활동을 활발히 진행하고 있다. 산업화로 변질되어가는 제주 음식의 원형 보존과 함께 발전 방향을 찾기 위해 직접 제주 향토음식 전문점을 운영하는 오너 셰프이기도 하다.

제주 밥상과 국

제주 사람들의 전통적인 밥상에는 몇 가지 특징이 있다. 밥은 쌀이 귀한 탓에 보리를 주곡으로 삼아 메밀, 차조, 수수 등 잡곡을 섞거나 단일 잡곡으로 지어 먹었고, 거기에 감자, 고구마, 톳, 쑥, 모자반, 무, 파래 등 다양한 부재료를 첨가하여 곡식을 아낌과 동시에 단조로움을 벗어나려는 노력을 보여 준다. 또한, 따뜻한 기후 덕분에 연중 신선한 채소를 '우영밭'(제주식 텃밭)에서 직접 길러 끼니마다 '생채소'(특히 배추를 주로 활용)를 올리고 자리젓이나 멜젓, 그리고 생된장을 곁들인다. 그리고 채소가 시들면 이를 다시 나물로 만드는데, 주로 된장에 무쳐 먹는다. 김치는 고춧가루가 귀해 양념을 많이 사용하지 않았고, 이 또한 따뜻한 기후 때문에 빨리 삭아 한꺼번에 많이 담가 먹지 않는다.

제주의 밥상에서 가장 두드러진 특징은 '국'의 활용이다. 제주 사람들은 어떤 경우에도 국이 빠진 밥상은 차리지 않았다. 이는 거친 잡곡밥을 먹기 위해 찾아낸 방법이라고 이해할 수 있겠는데, 특히 자극적인 양념을 많이 사용하지 않았던 제주의 일상식에서는 필수적인 선택이라 하겠다. 그래서인지 제주의 전통 음식에는 '찌개'가 존재하지 않는다. 여러 가지 재료에 자극적인 양념을 더해 오래 끓여 맛을 내는 찌개보다는, 한 가지 주재료에 단순한 양념만 더해 만드는 국이 대부분인 것이다. 그리고 찌개가 없다는 것은 평소에 식재료의 다양성이 확보되어 있지 않았다는 반증이기도 하다.

제주의 일상식에서 국은 그 조리 과정을 보자면 요리라고 부르기도 어색할 만큼 단순한 음식이다. 다진 마늘을 조금씩 넣기는 하지만, 그냥 물을 끓이고 생선이나 나물, 해조류 등 건더기 재료를 넣고 간을 맞추면 된다. 나물의 경우에는 된장을 풀어 넣는 것이 일반적이고, 생선의 경우에는 소금이나 청장으로 간을 하면 된다. 특히 고등어나 각재기(전갱이) 등 비린내가 강한 등푸른 생선도 별도의 자극적인 양념을 하지 않는다. 다른 지역에서는 상상도 하지 않았던 조리 방법이다. 외지인 가운데는 그렇게 비린 국을 어떻게 먹을 수 있느냐고 반문하는 사람이 많았다. 결론부터 말하자면, 제주의 생선국은 전혀 비리지 않다. 생선이 비리다는 생각은 비린 생선만을 접해본 사람들의 고정관념일 뿐이다. 제주 사람

경조사를 위한 특별한 탕국, 몸국과 제주 육개장

들도 비린 생선으로는 음식을 조리하지 않는다. 비려지기 전, 신선할 때 조리하기 때문에 등푸른 생선으로도 맑은 국을 끓여 먹을 수 있었던 것이고, 심지어 고등어로 죽을 쑤어 먹기도 했다.

된장국은 더 간단하다. 된장 한 숟가락을 끓는 물에 풀고 나물 한 줌 집어넣으면 국이 된다. 물론 다른 지역에서도 이렇게 된장국을 끓이기도 한다. 제주에서 더 독특한 음식은 된장으로 만드는 냉국이다. 찬물에 된장만 풀어 넣으면 된다. 여기에 톳이나 모자반, 노각, 나물 등 건더기 재료를 넣고 식초 한두 방울 떨구면 국이 완성된다. 여름철 밭일을 나갈 때는 된장을 종지에 담아 보리밥과 함께 차롱(납작하고, 뚜껑이 있는 대바구니)에 담아 가져가서는 근처 계곡물을 받아 된장을 풀어 즉석에서 냉국을 만들어 먹었다. 그렇게 단순한 조리 방법 덕분에 전국에서 가장 다양한 냉국이 존재하는 곳이 제주이다. 군내 나는 된장을 물에 푸는 것만으로 어떻게 국이 되느냐고 반문하는데, 이 또한 군내 나는 된장만 접해본 사람들의 고정관념에서 비롯한 우문이다. 제주 된장은 군내가 나지 않기 때문에 가능한 조리법인 것이다. 그렇게 군내 없는 된장이 있어서 제주에서는 다른 어떤 양념보다 된장의 활용도가 높고, 그 전통은 아직까지 이어져 제주의 나물은 대부분 된장으로 무쳐내고 국도 절반이 된장국이다.

몸국과 제주 육개장의 특별함

이렇게 단순 조리의 극치를 보여주는, 일상식에서 제주의 '국'은 한식에서 '탕'이라 일컫는 것과는 확연한 차이를 보여준다. 탕이라 부르는 국의 특징을 보면, 일단 육류가 주재료가 된다는 공통점을 갖는다. 특히 뼈나 고기를 장시간 고아내는 조리법을 쓰는 경우를 일컬어 탕이라 부른다. 영양학적으로는 뼛속의 콜로이드성 용액을 우려내 국물이 약간 걸쭉하고 진한 느낌의 진국으로 만들거나, 살코기의 영양 성분을 국물에 녹여내는 것을 일컫는다. 갈비탕, 곰탕, 설렁탕, 추어탕, 매운탕, 도가니탕, 우족탕 등이 모두 이에 해당한다. 그 밖에 채소나 해조류, 패류 등을 물에 끓이되 장시간 가열하지 않고 바르르 끓여내는 단순한 국물 음식인 된장국, 콩나물국, 미역국, 재첩국, 나물국 등은 탕이라 부르지 않는다.

이렇게 볼 때 제주의 '몸국'과 '돼지고기 고사리 육개장'(이하 제주 육개장)은 제주의 국 가운데서도 확연히 구별되는 국이다. 다른 지역에 비해 유난히 국이 많은 제주에 육류를 이용한 국이 없는 것은 아니지만 육류를 이용한 국도 단시간에 끓이는 국이 대부분이어서, 장시간 우려내는 탕국으로는 몸국과 제주 육개장이 대표적인 것이라 해도 과언이 아니다.

우선, 몸국과 제주 육개장의 국물을 우려내는 과정을 보면, 소의 여러 부위를 넣고 끓여낸 설렁탕과 흡사하다. 하지만 몸국과 제주 육개장은 우선 국물의 재료가 돼지라는 점이 다르다. 또한, 몸국은 제주 사람들이 '몸'이라 부르는 해초인 모자반을 활용하는 조리법이 매우 독특하고, 제주 육개장은 한라산 계곡 음지에서 자란 명품 고사리인 '먹고사리'를 아낌없이 사용하는 명품 국이다. 무엇보다, 이 두 가지 국을 끓이기 위해서는 반드시 돼지의 모든 부분을 삶아낸다는 점이 중요하다. 모든 부위라 함은 머리, 내장, 뼈를 포함하는 것이다. 특히, 순대까지 삶아내고 남은 육수여야 한다. 하지만 최근에는 개별적인 도축 자체가 금지되었고, 구제역 등의 영향으로 내장 등의 부산물 유통이 제한적이며, 순대도 전문점에서만 제조하기 때문에 이런 육수를 구하는 것은 매우 어려운 일이 되고 말았다.

몸국과 제주 육개장의 유래

몸국과 제주 육개장의 유래는 알려진 바도 전해오는 이야기도 없다. 그저 옛날부터 먹어왔다고 어르신들은 말한다. 그리고 대부분 제주 전통음식은 그 유래를 알 수 없다. 기록을 찾아볼 수 없기 때문이다.

제주는 고려시대 이전 '탐라'라 불리던 때부터 한반도와 주변의 눈치를 살피며 조공을 바치는 속국의 위치에 있었다. 그리고 이후에는 절해고도의 유배지로서 존재해왔기 때문에, 스스로 기록을 남길 반가의 문화가 존재하지 않았다. 그나마 양반들도 대부분 유배를 당한 처지라 운신의 폭이 좁았고, 제주의 풍물을 기록할 만큼 여유를 가지지도 못했다. 더구나 음식을 장만하는 일은 아녀자의 몫으로 알고 지내던 양반 중에서도 제주에 유배될 정도면 꽤 지체 높은 가문이었을 테니 음식에 관심을 가졌을 리 만무하고, 본토의 음식과 매우 다른 음식문화에 제대로 적응하기도 힘들었을 것으로 추정할 수 있겠다. 또한, 본토의 전통음식에 대한 기록들, 특히 조리 방법에 대한 기술은 궁중음식을 제외하고는 거의 대부분 평안한 시절 반가의 안방에서 기록된 것을 보면, 이러한 추정이 더더욱 수긍이 간다. 그나마 기록을 찾아볼 수 있는 것은 진상품으로 귀히 여겼던 특산물인 전복, 밀감, 표고, 마육, 흑돼지 등 식재료에 대한 것들인데, 이 또한 명칭만 거론될 뿐 이를 어떻게 조리해 먹었는지에 대한 기록은 존재하지 않는다. 그런 이유에서 몸국과 제주 육개장의 유래에 대해 누구도 단정 지어 말할 수 있는 근거를 대지 못하는 것이다.

다만, 제주에서 돼지고기를 식재료로 이용한 근거는《삼국지》(285년) '위지 동이전'에 제주를 "주호국"으로 명기하며 돼지를 사육하고 있었음을 전하고 있어, 그만큼 오랜 세월 돼지고기를 먹어왔음을 증명하고 있다. 이로 미루어 볼 때, 섬이라는 지리적 특성으로 현지에서 모든 것을 해결하며 조리한 몸국은 그만큼 역사가 오래되었으리라 짐작해본다. 하지만 제주 육개장은 한식에서 흔히 일컫는 '육개장'과 동일한 음식명임을 감안하면, 몸국과 비교하여 비교적 짧은 역사를 가진 음식일 것이라는 추정이 가능하다.

제주와 모자반

모자반은 제주 지역의 조하대에서 서식하는 종으로 다년생 해조류이다. 우리가 식용으로 먹는 부분은 모자반의 어린 순에 해당하는 부분이며, 보통 1월~2월경에 해녀들이 상부의 어린 순만 절취하여 수확한다. 국내 자생하는 모자반류가 약 24종으로 많다보니 다른 모자반과의 차이를 두기 위해 "참모자반"이라고 부르는데, 제주 사람들은 '몸' '물망' 또는 '참몸'이라 부른다. 제주 바다에 지천으로 널렸던 모자반은 주로

생모자반
제주에서 '뭄'이라 부르는 참모자반. 국을 끓이는 모자반은 조금 억
센 것까지 모두 사용한다.

여린 것을 식용으로 많이 이용하기는 했는데, 여린 모자반은 평소에 나물처럼 무침으로 만들어 먹었고 뭄국을 끓일 때는 비교적 억센 모자반까지 모두 사용하는 것이 일반적이었다. 약간 질긴 느낌의 제주 '참뭄'(참모자반)은 "오도독" 소리가 날 만큼 약간 질기고 씹히는 느낌이 독특하다. 특히 수포가 많아 그 수포 속에 육수가 들어차 있다가 입안에서 톡톡 터지는 식감이 재미있다.

하지만 현재 제주 바다에는 '참뭄'이 많이 사라지고 말 그대로 '귀한 뭄'이 되었다. 무분별한 해안 개발, 지구온난화로 인한 수온 상승, 오폐수 무단 방류 등 제주 해안 생태계가 몸살을 앓으며 그 많은 해안의 산물들이 모두 사라지고 있기 때문이다. 몇 해 전의 조사로는 연간 생산량이 제주 바다 전체를 살펴 10톤이 채 되지 않는다고 한다. 그로 인한 희소가치는 가격 상승으로 이어져, 결국 제주에서도 제주산 모자반을 구하는 것 자체가 어려워진 상태이다. 결국 요즘 '뭄국'을 끓여 파는 식당에서는 다른 지역에서 들여온 모자반을 사용하는 경우가 많은데, 제주 사람들은 이를 '육지 뭄'이라 부른다. 대부분 남해안에서 채취하고 동해안 일부에서도 채취하는 육지 모자반은 제주 참뭄과 많이 다르다. 일단 억센 느낌이 없이 매우 부드러워서 씹히는 질감이 없고 수포도 많지 않고 크기

모자반의 가공.
갓 채취한 모자반(위), 데친 모자반(아래 왼쪽), 말린 모자반(아래 오른쪽)이다.

도 작아서 입안에서 터지는 그 즐거운 경험을 할 수가 없다. 그나마 이런 모자반이라도 많이 넣어준다면 예전의 전통적인 맛을 조금이나마 음미해볼 수 있을 텐데, 요즘 몸국에는 멀건 국물에 모자반이 덜렁 몇 점 떠다니는 수준에 불과하니 제주 사람들이 먹었던 몸국과는 거리가 멀다.

또한, 최근에 제주의 고기국수가 붐을 이루면서 이들 전문점에서 몸국을 끓여 파는 경우가 많은데, 대부분 돼지 사골 육수만을 사용하고 있어 기본에서부터 전통적인 맛을 살려내지 못하고 있고 거기에 육지 모자반을 넣고 끓이니 제맛을 낼 수 없는 것은 당연하다. 간혹 '제주 몸'을 사용한다는 식당도 없지는 않으나, 확인해보니 이들도 대부분 '추자도 모자반'을 사용하고 있었다. 추자도 모자반의 식용으로서의 가치를 무시하는 것은 아니나, 다른 남해안의 모자반과 마찬가지로 부드러워 제주 참몸이라고 보기는 어렵다. 그러나 분명 아직 제주 참몸은 소량이나마 생산되고 있고, 그 명맥이 끊어지지 않도록 보존하기 위해 노력하고 있다.

제주와 고사리

고사리를 육개장의 주재료로 이용한 까닭은 무엇일까? 그것은 고사리가 가진 의미 때문이라고 짐작해볼 수 있다. 고사리는 차례상이나 제사상에 올리는 나물로, 조상님이 찾아오셔서 진설한 음식을 싸서 메고 가는 밧줄의 역할을 한다는 의미가 있다. 즉, 고사리는 산 사람을 위한 음식이 아니고 망자를 위한 음식이라는 것이다. 그래서 제주 사람들은 조상을 섬기기 위해 매해 4월이면 밭일을 오가는 길에 고사리를 채취해 넉넉하게 말려두고는 했는데, 집안에 초상을 치를 일이 벌어지면 가까운 지인들끼리 십시일반 고사리를 모아 육개장을 끓여내는 것이 일반적이었다.

그리고 다른 식재료를 제쳐두고 고사리와 돼지고기를 함께 끓이는 또 다른 이유는, 제주 고사리만의 식감 때문이기도 하다. 일반적으로 중국산이나 북한산, 또는 다른 지역의 고사리와 제주의 고사리, 특히 한라산 먹고사리는 식감에서 매우 큰 차이를 보인다.

고사리의 대명사인 한라산 먹고사리는 굵으면서도 중심이 비어 있어 보기와 달리 굉장히 부드럽다. 그래서 다른 지역의 고사리는 잘근잘근 씹히는 느낌이 있지만, 제주 고사리는 입안에서 녹아버린다고 표현할 만큼 부드러워 조금만 열을 가해도 특유의 섬유질이 결대로 흐트러져버린다. 그래서 나물로 조리할 때도 볶으면 형체가 없이 뭉그러져 버리기 때문에, 제주 사람들은 가볍게 삶아 깨소금, 간장, 참기름으로 무쳐 먹

제주 육개장의 주재료, 한라산 먹고사리. 다른 지역의 고사리와 달리, 입에서 녹아버릴 정도로 부드럽다.

는다. 그런 성질 때문에 돼지고기 국물에 고사리를 넣고 끓이다보면 자연스럽게 풀어져 국물 전체에 골고루 퍼지면서 그 자체의 전분질과 함께 향도 고루 퍼져 특유의 향미를 나타내고, 그 풍미가 돼지고기와 이질감 없이 조화를 잘 이룬다.

제주의 고사리가 이런 질감을 갖게 된 것은 생육 환경 때문이다. 한라산은 다른 지역의 산악지대처럼 단단한 암반으로 구성되어 있지 않다. 화산 활동으로 생겨난 현무암질의 암반과 화산회토는 습기를 잔뜩 머금고 있는데, 이런 지대를 제주에서는 '곶자왈'이라고 한다. 이 곶자왈은 빗물 등을 걸러 지하로 들여보내는 입구의 역할도 병행하며 많은 식물을 길러내고 있어, 제주의 청정한 공기를 생산해내는 '제주의 허파'라고도 불린다. 키 작은 식물들이 밀림처럼 빽빽한 숲을 이루고 있어 직사광선이 잘 들지 않고 고사리가 좋아하는 수분이 풍부한 이 습지야말로 고사리 생육에 최적인 곳이 아닐 수 없다. 그래서 이곳의 고사리는 굵으면서도 부드러운, 수분을 충분히 머금은 최상의 식용 고사리로 자란다. 그런 이유로 제주의 봄나물, 제주의 산나물인 고사리는 제주의 독특한 자연환경이 만들어낸 최상의 자연식품이 될 수 있었고, 제주에는 전국 어느 지역보다 다양한 고사리 음식이 존재한다.

이렇게 독특한 질감의 고사리로 육개장을 끓일 때는 뒷다리처럼 살코기가 많은 부위를 함께 삶아 국을 만든다. 고기가 완전히 물러질 만큼 충분히 끓여 만드는데, 일부에서는 살코기를 절구에 찧어 결대로 찢어진 상태가 되도록 하여 다시 국물에 넣고 끓인다. 이러면 찢어진 고기와 고사리가 한데 어울려 진한 맛을 합작해낸다.

의외의 포인트, 메밀

몸국과 제주 육개장에서 마지막으로 중요한 포인트는 의외의 재료인 '메밀'이다. 고기 육수는 진국을 만들어내면 실제로는 분량이 얼마 되지 않는다. 큰일을 치르면서 수백 명의 손님을 대접하는 데 돼지 한두 마리, 또는 두세 마리를 잡아 사나흘 이상 먹을 육수를 진하게 내기는 불가능하다. 그래서 좀 더 많은 사람이 귀한 고기 국물의 진한 풍미를 느낄 수 있도록 옛날 제주 사람들이 고안해낸 지혜로운 방법이, 메밀을 국물에 풀어 넣는 것이었다.

고려 말 80여 년 이상을 원나라의 직접 지배를 받았던 '탐라총관부' 시절 몽골로부터 전래된 메밀은 제주의 척박한 땅에서 그 어떤 곡식보다 잘 자라주었고, 주곡인 보리를 보조하는 곡물로 그 위상이 매우 높았다. 우리나라 사람들은 '메밀' 하면 모두 강원도 봉평을 연상하지만, 실제 전국 생산량의 40퍼센트 이상을 생산하는 최다 생산지는 제주이며 특히 전국 유통량의 70퍼센트가 제주산이라는 사실은 잘 알려져 있지 않다(2015년 제주특별자치도 통계치에 따르면 전국 수확량의 38%, 2017년 제주특별자치도 《도정뉴스》에 따르면 48% 정도이다. 2016년 농진청 발표시 전국 생산량의 30%로 집계되어 있으나 이는 10월과 11월 생산되는 가을 메밀의 집계이며, 제주는 5월에 봄 메밀을 가을 메밀의 70% 수준으로 수확하고 있는데 이는 집계되고 있지 않다. 또한, 가공시설이 없어서 전체 수확량의 90%를 봉평 등 타 지역으로 배송하고 있다). 한편, 1961년 정부에서 수확량 통계를 처음 발표할 당시에는 강원도와 경북, 경남이 메밀 생산량이 많은 것으로 집계되었는데 당시 제주는 일제강점기와 4. 3 항쟁, 한국전쟁 등을 거치며 농업생산을 원활하게 이루지 못하였고, 이후 1970년대에는 감귤 산업에 치중하며 다른 밭작물은 통계 이전과 비교하여 경지 면적이 감소했다. 그러나 일제강점기 중반(1920~30년대) 독특한 메밀 음식(예를 들어, 메밀로 만든 30여 가지 떡이 존재했다.)이 다양하게 전래되어 왔음을 증언을 통하여 확인할 수 있어, 메밀 농사가 활발했음을 추정할 수 있다. 여하튼, 제주에서 메밀을 많이 생산했다는 것은 많이 먹었다는 것이고 그만큼 다양하게 이용했다는 뜻이기도 하다. 실제

경조사를 위한 특별한 탕국, 몸국과 제주 육개장

로 제주는 전 세계에서 가장 다양한 메밀 음식이 존재하는 곳이다. 다만 알려지지 않았을 뿐.

제주 사람들에게 '고기' 하면 돼지고기를 말하는 것이고 '고기 국물' 하면 돼지 육수를 말하는 것인데, 이 돼지 육수에는 반드시 메밀가루가 들어간다고 보면 틀림없다. 귀한 국물인 만큼 진한 느낌을 주기 위해 메밀가루를 풀어 넣었던 것인데, 이 방법은 국물에 떠오른 돼지기름의 느끼함을 제거하고 어려운 시절 국 한 사발로도 포만감을 느낄 수 있게 한, 현명한 조리 방법이 아닐 수 없다.

몸국이나 육개장 외에도 제주 사람들이 돼지를 재료로 끓여낸 국은 '아강발국'과 '줍짝뼈국'이 있는데, 이 국에도 반드시 메밀가루를 풀어 넣는다.

'아강발'은 족발집에서 이른바 '단족'이라고 부르는 돼지의 발가락이 모여 있는 부위를 말하는데, 직역하면 '정강이 아래'라는 뜻이다. 최근에 제주 사람들 가운데 일부는 돼지의 아기발이라서 아강발이라고 부른다고 뜻풀이 하는 사람도 있는데, 새끼돼지 자체를 도축하지 않는 업계에서 아기돼지 발이 유통될 리는 만무하니, 바른 해석이라 할 수 없다.

예로부터 아강발은 산모의 젖을 잘 돌게 한다 하여 해산 후 보양식으로 끓여줬다고 전하는데, 실제로 한방에서도 인정하

는 내용이다. 그런데 왜 족발 전체가 아니고 단족만을 끊였는
지는 아는 이가 별로 없다. 또한, 제주 사람들은 전통적으로
현대의 족발을 따로 먹어본 적이 없다. 돼지고기는 먹었지만
족발을 먹지 않았다고 하면 이해가 가지 않을 수도 있는데,
흔히들 똥돼지라고 불렸던 제주의 재래종 흑돼지의 생김새를
보면 이해가 될 것이다. 전통적인 제주의 재래종 흑돼지는 다
리가 매우 짧고 얇다. 그래서 족발이라고 부를 수 있는 쫄깃
한 부위를 따로 썰어놓을 만큼 넉넉하지 않았던 것이다. 그래
도 아강발 위의 짧은 부위나마 그 독특한 식감과 맛이 있다
는 것은 다 아는 터라, 사돈이나 신랑·신부 친구들처럼 특별
한 손님들한테만 따로 썰어 내놓고는 하였다. 아강발국은 큰
일을 치르기 위해 돼지를 장만할 때는 얻을 수 없고, 간혹 한
두 달에 한 번 정도 제사를 앞두거나 명절을 앞두고 여러 집
이 모여 추렴할 때 임산부가 있는 집을 위해 따로 챙겨주고는
하였다. 그렇게 동네 사람들 모두의 양해로 나눠 받은 아강
발로 국을 끊였으니, 모두의 배려가 들어간 국이라 할 수 있
겠다.

'줍짝뼈'는 앞다리 사이의 뼈를 말하는데, 흉골과 갈비 일
부가 포함된다. 이 뼈로 끊인 국은 잔치 때 신랑·신부용 국으
로 별도로 끊여주는데, 일종의 '돼지갈빗국'이라 할 수 있다.

최근에는 제주의 향토음식점에서 이 국을 선보이고 있는데, 일반적인 돼지갈비를 이용하는 경우가 대부분이다. 돼지갈비는 쇠갈비와 달리 한 시간 정도면 그 국물이 우러나와 나박썬 무와 두부를 함께 넣고 끓이다가 메밀가루를 풀어 넣는다. 마치 서양 요리의 크림수프 같은 농도의 국물에 진한 고기 맛이 더해져 최근 새롭게 각광받고 있다.

이렇게 메밀가루는 어울릴 것 같지 않은 돼지 육수와 절묘한 조화를 만들어내며 제주 사람들만의 고깃국을 완성시키는 절대적인 역할을 수행해왔다.

특별한 날에 먹는 몸국과 제주 육개장

제주만의 재료와 조리 방식 말고, 몸국과 제주 육개장이 제주의 국 가운데 특별한 국으로 분류되는 또 다른 이유가 있다. 다른 모든 국이 일상적인 식사에 다양하게 활용되는 반면, 몸국과 제주 육개장은 특별한 때에만 만들어 먹은 국이라는 점이다. 잔치나 초상처럼 많은 손님을 치르는 집안의 대소사가 있을 때에 한하여 특별히 끓이던 국인 것이다. 그래서 제주 사람들은 해마다 언제 끓이게 될지 모르는 '국'과 '육개장'을 만들기 위하여 모자반과 고사리를 말려 저장해두는 것이 일반적이었다. 혹여 자신이 사용하지 않더라도 마을의 다른 누군가는 쓸 일이 생길 테니, 공동으로 대비하는 개념으로 준비해두었다고 보는 것이 타당하겠다. 그렇게 말려두었던 모자반과 고사리로 항상 일정한 맛이 나도록 조리한 이 특별한 국은 귀하디귀한 돼지고기를 남김없이 이용하는 알뜰 조리의 본보기이며, 적은 양이나마 온 마을 사람이 나눠 먹고자 애쓴 어울림과 나눔의 노력이 만들어낸 음식이다. 특히, 이 국의 주재료가 돼지고기이기 때문에, 평소 접하지 못했던 동물성 단백질과 지방을 섭취할 수 있는 고마운 영양식이기도 했다.

도감 어르신

제주도의 모든 가정에서 결혼 같은 잔치나 초상 등 큰일을 치를 때는 항상 온 마을 사람이 공동으로 참여하는데, 모든 큰일의 진행은 돼지를 잡는 일에서부터 시작된다.

혼례식을 예로 들면, 최소한 3일 동안 잔치를 벌이는데 첫날을 "돗 잡는 날"이라 하여 돼지를 추렴하면서(마을 장정이 도감의 지휘에 따라 돼지를 도축하는 일) 마을 사람들에게 잔치가 시작됨을 알린다. 이때 모든 과정을 진두지휘하면서 돼지를 해체하고 삶는 것은 물론 대소사를 치르는 기간 내내 고기를 적당하게 분배하는 일까지 맡는 특별한 존재가 있는데, 다름 아닌 '도감 어르신'이다. 어느 마을이고 도감 어르신은 그 마을에서 비교적 활동적인 40~50대의 남성이 맡는데, 한번 도감을 맡으면 대부분 십여 년 이상을 맡게 되니, 마을에서는 헛기침깨나 날릴 수 있는 위치로 대접 받는다. 그도 그럴 것이, 도감 어르신이 고기를 어떻게 썰고 나누어주는가에 따라 알뜰하게 대소사를 치를 수 있을지 아니면 씀씀이가 헤픈 대소사가 될지 결정되기 때문이다. 현대의 파티 플래너 같은 역할이라 보면 되겠다.

마을의 어느 집이고 큰일을 치를라치면 택일을 한 뒤에 가장 먼저 도감 어르신을 찾아가 선약을 해놓는다. 그리고 하객의 규모, 도축할 돼지의 양을 정하고, 일을 치를 때 필요한 제반 사항을 의논한다. 이러니 도감 어르신은 행사 기간 동안만큼은 무소불위의 권한을 가진 듯 보일 수밖에 없고, 혼주나 상주는 도감에게 잘 봐달라며 엄살을 부리고는 한다. 거기다가 결혼식 전날 밤에는 신랑 일행이 새각시(신부) 집으로 와서 머물거나 인사를 드리고 가는데, 이때 처갓집 잔치 잘 부탁한다며 신랑 일행이 도감 어르신에게 큰절을 올리고 넌지시 담뱃값이라도 쥐여주게 마련이라 은근히 부러움의 대상이

되기도 한다. 제주의 전통 혼례 과정 중 타 지역과 다르면서 가장 독특하고 재미있는 점이 이 부분이 아닐까 싶다. 신부의 집 어귀에서 함진아비 일행이 함값을 내놓으라며 큰소리치는 광경이 제주에는 없고, 오히려 처갓집 도감에게 신랑과 부신 랑(신랑 측 들러리)이 머리를 조아리는 특이한 광경이 연출되는 것이다. 신부를 데리고 가면서 오히려 함값을 요구하는 남성 우월주의의 결혼 풍습이 아니고, 딸을 시집보내는 처갓집을 배려하는 모습이 현대인의 눈에는 더 합리적인 것으로 보이 기도 한다.

돗 잡는 날

이처럼 막강한 권력을 쥔 도감 어르신과 동네 총각들이 마을의 지정된 장소에서 돼지를 잡아 마당 한쪽에 가마솥을 걸 어놓고 부위별로 고기를 삶아낸다.

내장 등 부산물을 제외한 모든 부위를 삶다가, 먼저 익는 살코기를 건져내서 채반에 받쳐 자연 바람에 식힌 뒤 잔치 기 간 동안 손님들께 내놓을 수육으로 사용한다. 등뼈, 머리고기 등은 충분히 삶아 건져 살을 발라내고 다른 잡뼈에 붙은 살 코기도 모두 발라낸 뒤, 몸국이나 제주 육개장을 끓일 때 다 시 집어넣어 끓인다. 살을 발라낸 뼈는 다시 육수를 우려내기

경조사를 위한 특별한 탕국, 몸국과 제주 육개장

위해 가마솥에 집어넣고는 날이 저물도록 끓여댄다.

내장 등 부산물 가운데 생으로 섭취할 수 있는 것들은 소금에 찍어 먹는데 도감 어르신과 함께 수고하는 동네 청년들의 몫이 되고, 나머지는 다시 솥에 넣어 삶아 수육과 함께 썰어 먹는다. 일명 '미역귀'(또는 '존배설')라고 부르는 '장간막'은 삶은 후 잘게 썰어 반드시 육수에 다시 집어넣는다.

또 다른 먹을거리인 제주의 전통 수애(순대)도 넣고 삶아 건지는데, 제주의 전통적인 순대는 독특하게도 채소나 쌀을 이용하지 않고 메밀가루 또는 보릿가루와 선지로만 속을 채운 후 삶아낸다. 수분이 많으면 쉽게 상할 수 있으니 행사 기간 동안 더운 날씨에 상하지 않도록 고안해낸 조리법인데, 요즘 순대와 비교하면 정말 맛이 없는 심심하고 퍽퍽한 순대일 수밖에 없다. 모처럼 장만한 귀한 고기인 만큼 그 피 한 방울도 버리면 안 된다는, 음식에 대한 제주 사람들의 애착을 단적으로 보여주는 음식이다. 그리고 비록 맛은 없을지언정, 철분이 많은 선지와 돼지 내장, 루틴 함량이 높은 메밀가루로만 이루어진 구성을 보면 혈관에 좋은 약과 같은 건강 음식이 아닐 수 없다. 그렇게 퍽퍽한 수애는 자기 몫의 몸국이나 육개장 국물에 풀어 먹기도 한다. 그렇게 수애까지 삶아내고 나면 비로소 국을 끓일 수 있는 고기 국물다운 고기 국물이 된다.

이렇게 '둣 잡는 날' 하루 종일 돼지고기를 부위별로 삶아내고, 내장, 순대까지 모두 삶아낸 뒤 저녁이 되었을 때 드디어 본격적인 믐국이 시작된다. 여기에 겨울에 채취해 말려놓은 모자반을 물에 불려 토막토막 썰어 넣고, 뼈에서 발라내거나 장만하는 중에 나온 고기 부스러기까지 다시 집어넣고 푹 끓여내면서, 메밀로 묽은 반죽을 만들어 물조베기(묽은 수제비)를 풀어 넣으면 믐국이 된다. 모자반 대신 불린 고사리를 넣어 형체 없이 물러질 때까지 푹 삶아내고 메밀가루를 풀어 넣어 풀풀하게 끓여내면 제주 육개장이 되는 것이다. 도감에 따라서는 믐국에 배추를 잘게 썰어 넣어 국물 맛을 시원하게 풀어내는 내공을 보여주는 이도 있었고, 신 김치를 잘게 썰어 넣고 간을 맞추는 이도 있었다.

가문잔칫날

지금껏 보았듯이, 잔치의 첫째 날인 '둣 잡는 날'은 하루 종일 돼지를 잡아 삶고 국물을 만들어낸다. 그리고 모자반을 집어넣고 다시 밤새 끓여 비로소 믐국을 완성한다. 이렇게 만들어진 제대로 된 국은 잔치 이틀째인 '가문잔칫날'에 비로소 맛볼 수 있다.

예전 제주 사람들은 1970년대까지도 씨족 부락을 이루고 살았다. 소위 '괸당'들끼리 모여 산 것이다. 듯 잡은 다음 날 일찍 그 마을의 제일 큰 어르신을 모셔 집안의 후손이 가례를 올린다는 신고식을 치르고서야 비로소 손님을 받기에, 이 날을 '가문잔치'라 칭한다. 가문잔치는 사돈집의 거리에 따라 하루나 이틀이 될 수도 있다.

가문잔칫날 어르신께 올리는 첫 하객상에 처음 지어 담은 밥을 '초불밥'이라 하고, 밤새 끓인 뭄국을 초불밥과 함께 올린다. 그리고 전날 삶아 식힌 고기 석 점과 수애 한 점, 마른 두부(수애처럼 수분을 많이 제거한 농축 두부 정도로 이해하면 된다.)나 메밀묵 한 점을 접시에 담아 하객 한 사람 한 사람 앞에 내놓는데, 이것을 '반盤'이라 한다.

귀한 고기를 담은 특별한 반이라서 일반적으로 '괴기반'이라고 부르는데, 1인분씩의 떡을 담으면 '떡반', 제사를 치르며 진설했던 음식을 나눠 담으면 '식깨(제사)반'이라고 부른다. 이렇게 괴기반 한 접시와 빙떡, 나물, 존다니(두툽상어)나 한치를 식초와 된장에 버무린 회무침, 그리고 양념이 많지 않은 김치를 상에 차리는데, 거기에 독특하게도 초간장을 함께 내놓아 괴기반의 내용물을 찍어 먹게 한다. 이것은 혹시라도 장만한 지 시간이 조금 지난 상태의 고기나 수애, 두부를 먹고 탈이

제주의 몸국(위)과 육개장(아래)은 일상적으로 먹는 국이 아니라 잔칫날에만 먹을 수 있는 특별한 국이다.

나지 않도록 나름대로 배려한 것이다. 단순한 것처럼 보이지만 평소에 먹어보지 못한 음식들로 그렇게 한 사람분의 하객 상을 차리는 것이다.

때에 따라 솜씨 좋은 도감이 신경을 쓴 집에서는 삶은 돼지 허파로 '북부기전'을 지지고, 간으로 '간전'을 지지기도 했으며, 삶은 돼지고기의 살코기 부서진 것들을 모아 달걀지단으로 감싼 '미수전'을 만들어 곁들이는 등 단 한 점의 고기도 어느 누구에게 치우침 없이 알뜰하게 활용했다.

괴기반에서 돼지고기를 써는 방법 또한 독특하다. 일반적인 보쌈 수육처럼 일정하게 4~5밀리미터 두께로 고기의 결과 직각이 되도록 한입 크기로 편 썰기를 하는 것이 아니라, 고기를 얇게 포를 뜨듯이 어린아이 손바닥만 한 크기로 넓적하게 자른다. 이렇게 자르면 적은 양의 고기 한 점이라도 커 보이고 접시가 꽉 차 보여 푸짐한 느낌을 줄 뿐 아니라, 씹는 면적도 넓어져 껍질과 지방 부분, 살코기 부분이 각각의 느낌으로 씹히는데, 제주 사람들은 이렇게 얇고 넓은 고기에 김치를 싸서 먹는다. 일반적으로 김치에 고기를 싸서 먹는 보쌈과 달리 고기에 김치를 싸 먹는 독특함이 또한 재미있다. 이렇게 얇고 넓게 썰어서 내는 것은 소량의 고기나마 모두가 골고루 나눠 먹기 위해 오랜 세월 이어져온 도감 어르신들의 마음 씀

씀이가 담긴 방법이라 하겠다. 그리고 전날 삶아 잘 식힌 상태에서만 가능한 도법이다. 그렇게 얇게 썬 차가운 고기는 몸국에 담가 따뜻하게 불려 먹기도 하고, 함께 나온 회무침과 먹기도 했다.

몸국의 대체품으로 시작된 고기국수

이렇게 잔치음식으로 이용되었던 몸국이 한때 사라져, 고기국수가 그 자리를 대체하기도 하였다. 지금은 전국적으로 지명도가 높아진 제주 고기국수의 탄생 배경을 보면, 바로 몸국의 대체품으로 시작되었다는 것을 알 수 있다.

원래 제주에는 밀국수가 존재하지 않았다. 일제강점기에 이를 때까지 제주에서 국수를 제조했다는 기록은 전혀 없으며, 조선시대 말 유배인 김윤식이 국수를 만들어 지인들과 나눴다고 1898년 2월에 남긴 기록이 처음이다. 20세기를 2년도 채 남기지 않은 때에야 비로소 제주의 밀국수에 대한 기록이 나온 것인데, 이때도 제주의 국수는 아니고 외지 사람이 만든 외지 음식이었던 것이다. 또한, 제주의 부엌살림 유물을 살펴보아도 국수를 만들기 위해 반죽을 밀어 펴는 '홍두깨'가 단 한 점도 발견되지 않았으며, '국수틀'과 유사한 기구도 물려 내려온 바가 없다. 무엇보다 밀농사 자체를 많이 짓지 않았는데, 이는 주곡인 보리를 재배하는 시기와 밀을 재배하는 시기가 겹치기 때문이었다. 어느 집에서나 보리농사를 주로 했으며 밀농사는 특별한 행사를 위해 극히 소량만 지었을 뿐이다.

특별한 행사란, 무속신앙 숭배에서 기도를 드리는 일, 제사 또는 차례를 지내는 것을 가리킨다. 자연환경에 철저히 순응하며 살아야 했던 제주 사람들에게 이 섬의 모든 사물은 숭배의 대상이었고, 그 모든 대상에 신이 존재한다고 믿었다. 그래서 제주에는 1만 8,000 신이 존재했다고 전하며, 그만큼 많은 신화가 있고, 마을마다 포제酺祭(제주에서 매년 정월 첫 정일丁日에 지내는 동제(洞祭)를 지내고 기도하는 터가 곳곳에 자리를 잡고 있다. 이런 상황을 일러 '절오백 당오백'이라 했다. 부처님을 모시는 작은 절이 500곳이며, 무속신을 모신 당이 500곳이라는 뜻이다.

그렇게 달마다, 철마다, 절기마다 각자가 기도하는 '당'이 있고 이곳에 기도하러 갈 때 '제물'로 쓰일 음식을 장만해야 했는데, 곤궁한 살림에 먹을 것을 구하지 못하는 상황에서 궁리해낸 것이 바로 '떡'이었다. 여러 가지 음식 대신 여러 가지 떡을 만들어 고임떡으로 '천지일월성신天地日月星辰'을 표현해 제물을 바친 것이다. 결국 그렇게 여러 종류의 떡을 만들어 가져가야 했는데, 이때도 쌀이 귀해 보리, 차조, 메밀 등 잡곡으로 떡을 만들었다. 밀 역시 이렇게 떡을 만들기 위한 재료로 조금씩 농사를 지었던 것이다. 그 대표적인 예가 보릿가루와 혼합하여 막걸리로 반죽해 쪄낸 '보리상웨떡'인데 최근 제주 보리빵이라고 알려진 그 떡이다. 때로는 밀로만 반죽하여 '밀 상웨떡'이라고도 했다.

그렇게 신에게, 혹은 조상에게 바치는 것으로 용도가 정해진 곡식으로 면을 만든다는 것은 감히 상상도 하지 못했다. 다만 그 생산량이 넉넉하고 수확 시기도 다른 곡물과 겹쳐지지 않는 '메밀'을 이용해서는 면을 만들기도 했다. 그런데 밀과 달리 찰기가 없는 메밀 반죽으로는 우리가 알고 있는 국수 같은 면이 아니고, 무채처럼 짤막한 면을 만들어 칼국수를 끓여 먹은 정도가 제주의 전통적인 국수문화라 할 수 있겠다.

그러다 일제강점기에 접어들어 1900년대 초반부터, 제주에 침입해 온 일본인들이 제주시 북신작로, 칠성통 등지에 군락을 이루고 살면서 고운 밀가루와, 그 밀가루로 만든 건면이 도입되었다. 그리고 그때부터 일본의 수산물과 유사한 품질의 제주 수산물에 대한 착취가 시작되었는데, 바로 전복, 소라 등의 패류와 톳, 천초, 모자반 등의 해조류를 전량 일본으로 가져가버린 것이다. 사실 제주 해녀들에게는 어쩌면 반가운 일일 수도 있었다. 전복, 소라는 귀한 것이니 이전부터 제주목사가 착취해갔지만 해조류는 먹을 것으로 여기지 않았던 데 반해, 일본 제국주의자들은 해조류를 귀히 여겨 전량 군표를 주고 구입해갔으니 말이다. 그러나 식민지 백성에게 제값을 주고 사 갔을 리는 만무하고, 결국 제주 해녀 항쟁의 원인이 되기도 하였다. 제주의 수산물 대금을 제대로 지불하지 않고 해녀들의 노동력을 착취한 데 대한 저항으로 해녀들이 일제에 조직적으로 저항한 것이다.

그렇게 제주 사람들에게 중요한 행사용 식재료인 모자반은 모두 빼앗아간 반면, 일본은 특이하게도 제주 특유의 돼지는 특별히 탐하지 않았다. 이는 아마 메이지 유신 이후에야 고기를 먹기 시작한 그들로서는 서양 사람들의 쇠고기 먹는 문화를 쫓느라 소는 반출해 갔지만, 돼지는 남겨놓았던 것으로 추정할 수 있겠다.

그렇게 제주 사람들은 돼지를 도축하고 큰일을 준비하는 전통은 이어갈 수 있었다. 돼지 삶은 국물에 마침 도입된 건면을 삶아 육지의 잔치음식인 국수를 만들어 뭄국의 자리를 채웠고, 괴기반의 수육을 국수에 얹어 먹으면서 고기국수의 원형이 나타나게 된 것이다.

이 고기국수가 일반화된 것은, 제주 시내권의 경우 1920년대로 조사되었다. 최초의 제주 토박이가 운영하는 국수 공장이 자리를 잡아, 큰일을 치르는 집에 국수를 궤짝으로 납품하였는데, 국수를 몇 짝 소비했는지 따져 잔치의 규모를 짐작했다고 전한다. 그래도 시골에서는 알음알음으로 조금씩 모자반을 모아놓고 몸국의 명맥이 유지되기는 했다. 하지만 확실히 과거에 비해 넉넉하게 준비하지는 못하였고, 그 부분은 고사리를 듬뿍 넣은 육개장으로 대체하기도 하였다. 육개장은 주로 상갓집 음식으로 알려져 있으나, 제주 육개장은 몸국을 끓일 수 없을 때 잔칫집에서도 끓여낸 것이다. 마찬가지로 상갓집에서도 육개장 대신 몸국을 끓여내기도 한다. 결국 두 음식 모두 돼지고기를 삶아낸 국물을 이용하여 모두가 나눠 먹기 위한 목적에 충실할 뿐, 굳이 용도를 규정하지 않았다는 것이다.

돼지 육수의 부활

이렇게 다양하게 이용되었던 제주의 돼지 육수 자체가 완전히 사라진 시기가 있었다. 해방 이후 제주는 섬 전체가 4.3이라는 비극에 휩싸이고 동시에 한국전쟁을 겪어야 했으며, 이후로도 10여 년 이상 섬 전체가 곤궁한 생활을 이어가야 했다. 그 시절 집안 행사를 위해 음식을 장만한다는 것 자체가 어려울 수밖에 없었다. 이후 1960년대 후반부터 조금씩 옛 풍습을 되살려가던 중, 1970년대 접어들면서 새마을 운동이 온 나라에 열병처럼 번지고 박정희 정권은 '가정의례 간소화' 정책을 펼쳤다. 허례허식을 없애고 전통적으로 치러온 가문의 전통의식을 간소화하여 자원의 낭비를 막자는 사회 계몽 운동이었는데, 자발적인 운동은 아니었다. 소위 '가정의례준칙'이라는 규정을 정권이 만들어 공표하고, 온 국민은 취지에 공감해서가 아니라 독재정권의 명령이라 따를 수밖에 없었던 시절이다. 이때 가정에서 돼지를 도축하는 행위 자체가 불법으로 각인되기에 이른다. 그리고 1980년대에 들어서면서는 집안 행사를 위해 집에서 돼지를 도축하는 행위 자체를 찾아볼 수 없게 된다. 또한, 쌀을 아끼기 위하여 혼분식 장려 정책이 병행되면서 집안 행사에 쌀밥과 고기를 장만하는 것 자체를 죄악시하게 되었다.

제주 사람들에게는 혼분식 장려 자체가 이해되지 않는 정책이었다. 원래 쌀이 귀해 혼식도 어려웠던 사람들에게 혼분식 장려는 가당치도 않은 일이었기 때문이다. 또한, 거친 잡곡밥만 먹던 사람들에게 매끄러운 국수를 많이 먹도록 장려

하는 것은 오히려 반가운 일이 아닐 수 없었다. 다만 한 가지 특이한 점은, 돼지 육수를 장만하지 못하고 멸치 육수에 국수를 말아 먹는 한반도의 일반적인 국수문화가 혼분식 장려를 통해 본격적으로 제주에 정착하게 된 것이다. 특히 서귀포 지역에는 1970년대 감귤 특수를 통해 박정희 정권의 수혜를 입었다고 생각하는 주민이 많아 정부의 시책을 무조건 잘 따랐고, 지금도 한라산 남쪽 마을들은 잔치나 상을 치를 때 멸치 육수에 국수를 말아주는 것이 일반화되어 있다. 그래도 손님에게 밥을 대접하고 싶은 집안에서는 성게미역국이나 조개미역국을 끓여서 냈다. 1980년대에는 거의 모든 상갓집에서 미역국이 일반화되었고, 지금도 기업화된 장례식장에서는 일률적으로 조개맛 조미료 국물에, 조개나 성게를 찾아보기 힘들 만큼 인사치레 정도만 넣은 맑은 미역국을 끓여내고 있다.

그런데 21세기로 접어든 이후에는 과거 문화로의 회귀 현상이 두드러지면서 몸국과 제주 육개장의 맛을 다시 찾는 사람들이 늘기 시작했다. 모든 것이 풍요로워진 시대에 오히려 곤궁한 시절 함께 나눴던 것들이 다시 그리워지는 현상은 아이러니라 아니할 수 없다. 그럼에도 불구하고 기억 저편의 맛을 제대로 살려내기에는 십여 년 누려온 물질적인 풍요가 오

경조사를 위한 특별한 탕국, 몸국과 제주 육개장

히려 장애가 되고 있다. 과거의 식재료가 모두 사라지거나 소멸 위기에 처해 되살려내기 힘들고, 과거의 전통적인 조리법을 기억해내지 못하면서 어설픈 흉내 내기에 급급하다는 느낌을 지울 수 없다.

물질적인 풍요는 편리함을 추구하면서 정신의 피폐함을 같이 불러왔고, 최근에는 그러한 세태를 거부하고 일탈을 꿈꾸는 현대인을 점점 더 많이 양산해내고 있다. 그러한 일탈 가운데는 과거의 추억 속에서 여유로움을 찾고 싶어하는 시간의 방랑자들이 존재하며, 특히 옛맛을 그리워하는 이들이 큰 부류를 이룬다. 그러나 그들이 추구하는 옛맛은 '맛' 자체가 아니다. 그 시절 느꼈던 사람 냄새를 찾는 것이다. 계산적으로 피아를 나누는 냉철한 세상을 살아가다가 가끔은 모두를 생각하며 함께했던 그 무엇을 찾아가려는 것이다.

제주 사람들에게 몸국과 제주 육개장은 격 없이 어우러지는 모든 어울림과 알뜰함의 극치를 보여주는 제주의 전통음식이다. 국물 한 방울이라도 버리는 일 없이 온 동네 사람이 모두 귀한 고기 맛을 볼 수 있도록 배려하고, 제주 바다 어디에서나 누구나 쉽게 찾을 수 있었던 해초인 모자반이나 한라산 계곡 속에 숨어 있다가 자신을 내준 먹고사리를 이용하여, 느끼한 맛을 담백하게 바꿔주고 그 양을 넉넉히 불리는 일석

이조의 효과를 볼 수 있도록 수백 년에 걸쳐 내려온 제주 사람들이 찾아낸 제주다운 음식인 것이다. 그리고 그 뜻을 음미하며 내 누이가 시집가던 날을, 내 할머니가 소천했던 날을 기억하게 만드는… 시간을 담은 한 그릇이다.

돼지국밥으로 읽는
부산

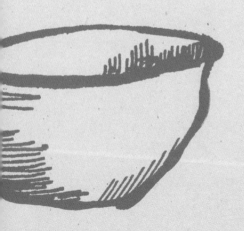

최원준

시인이자 음식문화 칼럼니스트다. 부산 지역학인 '부산학'을 공부하며, 그 일환으로 부산·경남의 지역음식이 그 지역과 지역 사람들에게 끼치는 관계를 인문학적으로 연구, 기록하고 있다. 음식으로 지역의 사회문화 전반을 소개하는 '음식문화해설사'를 주창, 동의대학교 '부산음식문화해설사' 양성과정을 개설, 운영하고 있으며, 인문학 공간 '수이재' 대표, 동의대학교 평생교육원 교수로 활동 중이다. 지은 책으로, 시집 《오늘도 헛도는 카세트테이프》《금빛미르나무숲》《북망》, 음식문화 칼럼집 《음식으로 읽는 부산현대사》《부산탐식프로젝트》, 편저 《이야기 숟가락 스토리 젓가락》, 공저로 지역인문연구서 《낙동강 물길 따라 역사 따라》《부산발전 50년 역사이야기》 등이 있다.

부산의 음식과 역사·사회·문화적 맥락

음식은 시대를 담는 그릇이다. 그만큼 음식을 통한 시대적 통찰은 지대하다. 그 시대의 음식과 음식 재료, 음식문화로 그 시대를 읽어낼 수 있고 '섭생의 사회학' 또한 파악할 수 있다.

로마제국 번성기의 음식문화로 로마의 발전상과 화려한 생활상을 읽어내고, 사치스런 식문화 이면의 사회사 연구로 제국의 멸망을 예측할 수 있었던 점도 비근한 예로 들 수 있겠다. 중국 청조의 '만한취엔시滿漢全席'는 사흘에 걸쳐 180여 가지의 음식을 맛보는 음식의 대향연이다. 여기에도 한족과 만주족의 대표 요리를 한 상에 올림으로써 두 민족의 화합을 상징하는 정치적 의도가 깔려 있었다. 일본의 '와쇼쿠和食문화'는 지역 공동체문화에 뿌리를 두고 있다. 음식을 차려내고 또 먹는 예절과 만든 이와 먹는 이의 소통을 중시하고, 집단의 공동체문화를 음식을 매개로 결집해낸다. 그리하여 '지역의 음식문화'로 그 사회가 추구하는 관습과 가치관을 단련하는 것이다.

최근의 유기농 음식과 슬로푸드, 로컬푸드를 즐기는 추세도, 생활의 여유와 건강을 회복하려는 노력과 함께 '음식의 시대적 요청'에서 기인하고 있다는 점을 어렵지 않게 확인할 수 있다. 이와 함께 지역에서 생산된 지역음식, 즉 향토음식의 중요성 또한 고조되고 있기도 하다. 향토음식은 지역의 공동체문화를 담음으로써, 그 지역의 역사와 문화, 관습적 색채까지 이해할 수 있도록 해준다. '지역의 음식'이 그 지역의 관습적 '밥상머리 교육'이나 '가치관 정립'의 측면까지 관여하고 책임지고 있는 것이다.

그러면 부산의 음식에서 부산이라는 지역의 사회상을 어떻게 읽어낼 수가 있을까? 그것은 부산의 '지정학적 특성'과 '시대적 역사성'에서 쉽게 찾아볼 수가 있다.

이주의 역사와 부산 음식

부산의 근현대사는 이주의 역사였다. 부산 근대사의 두 축은 내국인의 동래부와 일본인 거류 지역인 초량왜관 자리로 대별할 수 있는데, 그중 지금의 원도심을 형성했던 일본인 거류 지역은 그 시작부터가 '이주의 역사'였다.

초량왜관 시절 일본인의 이주가 시작된 이래, 부산포 개항으로 일본인의 부산 유입은 급속도로 증가했다. 조선보다 먼저 근대화를 이룬 일본의 신문물이 다양한 일본문화와 함께 유입되면서 일본 음식 또한 조선에 보급되었다. 이때 일본의 많은 음식과 음식문화가 부산에 보급되고 지금의 부산 음식 저변에도 영향을 끼쳤다. 그렇게 보급된 대표적인 음식이 부산어묵의 근간이 되는 '가마보코'다. 일본인 거류 지역의 요정에서 대표적인 술안주 요리로 시작해, 해방 전후에는 서민음식으로 자리 잡았다.

해방 이후에는 일본 귀환동포가, 한국전쟁 때는 피난민이 부산으로 흘러들었다. 다시 말해, 부산은 해방 공간과 한국전쟁에 의해 급속하게 팽창된 도시다. 수많은 피난민이 고향을 버리고 막막하고 신산한 피난살이를 견뎌야 했다. 그들에게는 모든 것이 부족하고 피폐했는데, 특히 하루하루를 살아내야 할 기본적인 끼니 해결이 생사를 좌우하는 큰일이었다. 이들은 값싸고 양이 많은 식재료를 활용하여 가족들을 건사했는데, 그 시절 탄생했던 음식들이 바로 밀면, 돼지국밥, 부산어묵, 곰장어 등속으로 오늘날 부산의 향토음식들이다.

산업화 시대에는 직업을 찾아온 경남, 호남, 제주 사람들로 부산은 흘러넘쳤다. 이들과 함께 유입된, 식문화를 비롯한 이종의 문화들은 부산화되었다. 다종다양한 인적 구성과 더불어 각지의 문화와 관습, 음식이 서로 상충하고 융합하는 과정에서 새로운 부산의 문화, 관습, 음식이 발현된 것이다. 부산에서도 쉬 접할 수 있는 제주의 해녀문화나 전라도를 기반으로 한 남도풍의 음식이 대표적이라 할 수 있겠다.

일제강점기 때에는 대륙 침략의 교두보로, 조선 수탈의 전진기지로 타의에 의해 근대 문물이 유입되었고, 피난과 산업화에 의한 집단 이주는 여러 지역의 식문화가 부산이라는 장소에서 '새로운 부산 음식'으로 재탄생하는 계기가 되었다.

때문에 이러한 부산의 이주 역사는 현재 부산 사람들의 정체성과 아울러 '부산의 향토음식'을 형성하는 데 큰 영향을 끼치는 요소가 되었다. 여러 지역의 다양한 사람이 부산으로 들어오면서, 부산은 다양한 문화와 가치관의 음식이 한데 섞이고 어우러져 독특한 부산만의 문화와 정서를 탄생시킨 것이다.

부산의 향토음식 이야기

부산 하면 떠오르는 대표 음식이 몇몇 있다. 이를 정리해, 부산시는 2009년 '부산의 향토음식'을 선정한 바 있다. 생선회, 동래파전, 흑염소불고기, 복어요리, 곰장어구이, 해물탕, 아구찜, 재첩국, 낙지볶음, 밀면, 돼지국밥, 붕장어요리, 붕어찜 등 13가지 음식이다.

향토음식 속에는 그 지역의 역사와 각 시대별 사회상이 녹아 있다. 그래서 부산 향토음식에 투영된 부산의 정치, 경제, 사회, 문화 등을 되짚어보면, 지역의 역사적 사건과 사회 전반의 현상을 재미있게 풀어볼 수 있는 것이다.

부산은 예부터 다양한 외부의 '세력과 문화'에 유연한 태도를 보여왔다. 다른 지역이 문화다양성에 보수적이었던 반면, 부산은 개방적이고 수용적이었던 것. 이는 부산 사람들의 자유분방한 성정에서도 기인하지만, 역사적 지정학적 배경에서도 그 연원을 찾아볼 수 있다.

지정학적으로 부산은 한반도 남단의 해양을 끼고 있었기에 해양문화 수용이 자유로웠고, 역사적으로는 일제강점기와 해방, 한국전쟁과 산업화 과정 등 여러 경로를 통해 인위적이고 다양한 문화 유입이 급속도로 이루어졌기에 '개방적이고 수용적'이었다.

이러한 과정 중 팔도의 관습과 문화와 음식이 한데 모여 '메이드 인 부산'으로 재탄생한다. 이렇게 여러 경로로 유입된 문화들 중 '먹거리문화'도 예외는 아니었다. 그러한 시기마다 부산의 음식은 새로이 변화, 조성되고 구체화되기 시작한 것이다.

때문에 부산의 근현대 음식을 살펴보면 자연스레 정치, 경제, 사회, 문화 등 부산의 전반을 풀어볼 수 있다. 때문에 '부산 음식을 살펴보면 부산의 역사가 보인다.'라는 등식이 성립한다.

부산 돼지국밥, 부산 사람

"돼지국밥은 오랜 시간과 진득한 정성이 있어야만 맛있어지는 음식이다. 해서 부산 사람들의 성정과도 많이 닮은 음식"(최원준, 《부산 탐식 프로젝트》, 산지니, 2018)이다. 그렇다면 부산 사람들에게 돼지국밥은 어떤 존재일까?

부산 돼지국밥, 부산을 반영하다

부산 사람들에게 돼지국밥은 세 가지 키워드로 풀어볼 수 있다. 첫째는 공유의 음식, 둘째는 통합의 음식, 셋째는 실용의 음식으로 규정되는 음식이다.

돼지국밥은 부산의 역사와 문화, 부산 사람의 기질 등 부산의 모든 것을 대변해주는 대표 음식이면서 부산 사람들의 소울 푸드이기에, 공유의 음식이다. 돼지국밥은 말 그대로 오랜 시간 진득한 정성으로 끓여야만 맛있어지는 음식이다. 국밥의 여러 재료를 가마솥에 한데 넣고 펄펄 끓여내 하나의 음식으로 만들어내기에, 통합의 음식이다. 국밥 한 그릇으로 고소한 돼지고기도 먹고 진하면서도 시원한 국물도 먹고 밥도 말아 설렁설렁 끼니도 때우는 음식으로, 구수하게 진하면서도 시원하게 개운한 뒷맛을 맛볼 수 있기에, 실용의 음식이다.

원래 부산 돼지국밥의 원조는 오래전 부산·경남에서 먹어왔던 맑은 고깃국이었다. 살코기만으로 국물을 내고 무와 고춧가루, 파 등으로 끓여낸, 맑고 시원한 국으로 먹어왔던 것. 그러나 한국전쟁 이후 부산에 정착한 피난민들에 의해 여러 지역의 음식문화가 섞이면서 국밥에 돼지대가리와 내장 등 돼지 부산물을 섞고 사골로 육수를 내는 등 '양을 늘려 끓여 먹는 국밥'으로 변화 과정을 거치면서 현재와 같은 돼지국밥 형태로 자리 잡았다.

거기에 더해 부산의 산업화 과정과 장터문화가 섞이면서, 식사 시간을 줄이기 위해 돼짓국에 온갖 부위의 고기를 다 넣고 밥을 말아 그 위에 부추, 마늘, 땡초, 양파, 김치 등 반찬을 한데 섞어, 간소하고 급하게 허벅허벅 퍼먹는 형태의 식문화로 변화 과정을 거쳤다.

부산은 장터의 도시다. 사기 위한 시장이 아니라 팔기 위한 시장이었다. 팔도에서 이주해 온 사람들에게는 가족이 공유

할 수 있는 끼니를 위해 무엇이라도 팔아야 했던 시절이었다. 그 시대적 배경이 부산을 장터의 도시로 만들었고, 그 장터에서 간단하게 끼니를 때울 수 있는 음식이 바로 돼지국밥이었다. 이런 시대적인 상황이 돼지국밥처럼 밥과 국, 반찬을 한 그릇에 섞어서 먹는 부산식 국밥문화를 탄생시킨다.

한국전쟁을 전후로 부산에서는 다양한 지역의 음식문화가 가마솥 속의 음식처럼 함께 뒤섞이며 부산의 음식으로 재탄생하였다. 돼지국밥 또한 부산의 역사와 문화, 부산 사람의 기질 등과 함께 발전해온 부산의 대표 음식이다.《부산 탐식 프로젝트》에서 그 정경과 의미를 정리한 한 대목을 옮겨본다.

돼지국밥집에 들어선다. 무쇠솥에서는 한창 뽀얀 육수가 끓어오르고 있다. 구수한 국물에 토렴 잘한 국밥을 받아든다. 돼지고기 넉넉한 뚝배기에 슬슬 끓는 국밥이 옹골지다. 뜨끈한 국물 한술 떠먹는다. 국물이 진국이다. 걸쭉하여 입에 달라붙을 정도다. 그만큼 오랜 시간을 사골을 정성들여 끓여냈다는 뜻이다.

때문에 부산 사람들은 돼지국밥으로 부산을 느끼고 부산에 산다는 것에 흔쾌함을 느낀다. 밥으로, 술안주로, 잔칫상이나 초상집에서도 끓여내던 음식이 돼지국밥이었기에 그렇다.

국밥도 한술 뜬다. 밥알에 사골국물이 배여 간간하면서도 진

돼지국밥은 부산의 역사와 문화, 부산 사람의 기질 등 부산의 모든 것을 대변해
주는 대표 음식이다.

한 구수함이 입안을 즐겁게 한다. 정구지를 한 젓가락 국밥에 푹 넣어 함께 먹는다. 정구지의 알싸하고 향긋함이 국밥과 어우러지며 개운한 맛을 낸다.

뜨거운 국물과 밥이 조화로워 속이 든든해지고 몸도 따뜻해진다. 맛이 든 깍두기는 아삭아삭하고 배추김치는 새콤하게 입맛을 더욱 돋운다. 토렴이 잘된 국밥에다 정구지, 파, 마늘 등속을 한데 섞어 먹으니, 어느새 한 그릇 뚝딱이다.

부산을 대표하는 부산의 돼지국밥. 그러나 부산을 찾는 이들은 왜 부산이 돼지국밥의 도시인지를 간과하고 있다. '지역의 음식'은 그 무엇이건 그 유래와 역사적 배경을 알고 먹어야 한다. 그러면 그 음식의 맛은 배가가 되고, 식사 시간 내내 음식의 가치를 체험하는 기꺼운 자리가 될 것이다.

팔도 음식문화를 돼지국밥 한 그릇에

부산에서 돼지국밥이라는 음식은 한 가지의 조리법으로 통일되어 있지 않다. 이는 부산 돼지국밥 속에서 여러 지역의 다양한 개성을 찾을 수 있다는 것인데, 다양한 지역의 섭생이 부산의 돼지국밥에 끈끈하게 내재되어 이어오고 있다.

국밥에 사용되는 고기 고명의 부위나 육수 재료, 상을 차려내는 법 등 모든 것이 각각의 특징을 가지고 있는 것이 부산의 돼지국밥이다. 그만큼 가게마다 나름의 독특한 맛을 갖고 있는데도, 모두 부산 돼지국밥이라는 범주 아래 함께하고 있다.

현재 부산 인구 중에는 부산에서 나고 자란 사람도 많지만, 그 윗대의 다수는 전국 팔도에서 부산으로 흘러들어와 정착한 사람들이다. 팔도의 입맛을 가진 사람들이 모여 부산 음식의 다양성을 이끌어내고 있는 것이다. 이는 돼지국밥에도 여지없이 적용된다.

부산 돼지국밥에 적용되는 타 지역 음식문화를 일별해보면, 이북의 고기 육수와 순대, 제주의 몸국과 고기국수, 밀양의 쇠머리 육수 돼지국밥, 일본의 돈코쓰 라멘, 대구·경북의 따로국밥 등이 부산 돼지국밥에 일정 부분 영향을 끼쳤다고 볼 수 있다.

다양한 부산 돼지국밥에서 가장 확연하게 구별되는 기준은 육수일 것이다. 주로 세 가지의 육수로 나눌 수 있는데, 국물이 뽀얀 육수와 조금 연한 육수, 맑은 육수가 부산 돼지국밥에 적용되고 있다.

뽀얀 육수는 주로 돼지 다리뼈인 왕사골을 6~8시간 고아뽑아내는데, 국물이 진하고 구수한 맛을 낸다. 주로 제주의 몸국과 고기국수, 일본 규슈의 사골 라면인 돈코쓰 라멘, 밀양무안의 소 사골 돼지국밥 등과 닮았다.

조금 연한 육수는 주로 돼지 뼈와 고기, 내장 등을 함께 쓰거나 돼지대가리를 통째 넣고 육수를 낸다. 깊은 맛과 감칠맛이 뛰어나다. 이북 피난민들이 부산에 정착해 이북의 조리 방식에 돼지대가리를 재료로 활용했는데, 상업화된 부산 돼지국밥의 원형쯤 된다.

맑은 육수는 수육용 돼지고기를 삶아 육수를 낸다. 서부 경남의 돼짓국에서 유래된 것으로 맛이 깔끔하고 정갈하다. 돼지고기 특유의 누린내나 잡내가 전혀 없다. 때문에 돼지국밥의, 야성의 묵직한 맛을 싫어하는 사람도 부담 없이 먹을 수 있다.

국밥 안에 들어가는 고기 고명도 살펴보자. 돼지대가리에 붙어 있는 돼지 볼살을 사용하는 곳이 있는가 하면, 돼지 부산물인 내장, 순대 등을 함께 쓰는 곳, 돼지목살과 다리살 등을 쓰는 곳, 최근에는 고급화 과정을 거치면서 삼겹살, 항정살, 갈비살 등을 쓰는 곳까지 다양하다.

밥상을 차려 내는 방법도 다양하다. 원래 부산의 돼지국밥은 국과 고기 고명을 밥과 함께 한 그릇에 담아 넉넉히 토렴을 한 후 손님상에 낸다. 그런데 이후 다른 지역 사람들이 부산에 정착하면서, 고향의 밥상문화까지 부산에 정착시켰다. 대구·경북 지역의 반상문화 중 탕반문화가 흡수되면서 국과

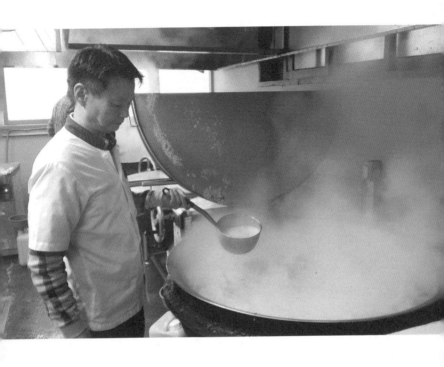

다양한 돼지국밥을 구분하는 기준은 육수. 돼지의 어느 부위를 끓여서 내느냐
에 따라 진한 육수와 맑은 육수로 나뉘지만, 시간과 정성을 필요로 한다는 것은
같다.

밥을 따로 내는 따로국밥이 자리 잡고, 이북 지역의 순대가 돼지국밥에 융화되었으며 서울·경기 지역의 순대국밥 또한 수용하면서 순대돼지국밥이, 제주 돼지국수의 영향으로 다양한 면麵을 활용한 돼지국수가 활성화되었다.

돼지국밥은 이렇듯 다양한 지역의 음식문화가 부산에 정착하는 과정을 거쳐 '부산 돼지국밥'이라는 하나의 이름으로 자리 잡은 것이다. 따라서 돼지국밥은 부산이라는 다양성의 도시에서, 부산을 상징하는 대표적인 음식이다.

돼지국밥은 부산의 현대사와 궤를 같이하며 변화하고 다양한 분화 과정을 거쳤다. 서부 경남의 '고깃국' 형태에서 시작해, 한국전쟁 시기 이후로 '돼지대가리와 부산물'들이 국밥의 주재료였고, 부산의 산업화 시대인 1980년대 전후로는 '돼지 사골'을 활용한 육수가 정착했으며, 1986년 아시안게임과 1988년 올림픽을 기점으로 '다양한 메뉴'의 다변화된 돼지국밥이 정착하였다. 현재에는 '돼지국밥의 고급화'가 이뤄지면서 외식산업으로까지 확대되고 있는 추세다.

부산 돼지국밥, 부산의 기질을 담다

앞서도 잠깐 언급했듯이, 부산 사람의 기질은 '수용성'과 '개방성'으로 특징지을 수 있다. 모든 문화를 받아들여 부산의 문화로 만들고, 부산의 문화를 개방하여 모든 이와 함께 나누는 것. 이것이 부산 사람이 가지는 '부산의 정체성'이다. 이 부산의 수용과 개방, 공동체 의식이 현재 부산 향토음식의 근간을 이루는데, 그 대표적인 것이 바로 부산 돼지국밥이다.

돼지국밥의 그 구수하고 진하면서도 시원하게 개운한 뒷맛은, 정제하지 않은 식재료이지만 서로 가리지 않고 한데 넣어 푹 끓여내는 조리 방식에서 기인한다. '한데 섞여 하나가 되는 것', 이것이 부산 사람들의 기질 속에 녹아 있는 부산식 조리법인 것이다.

국밥 한 그릇에 고소한 돼지고기도 먹고, 시원한 국물도 먹고, 밥도 말아 설렁설렁 때우는 음식은, 여러 타향의 사람들이 모여 사는 부산이 아니면 발달하기 힘들다. 돼지국밥은 그 다양성, 또는 여러 음식문화의 조화와 다양성이 빛을 발하는 음식이다.

이러한 수용과 개방의 과정을 거쳐 정착된 돼지국밥의 종류로는, 돼지고기만 들어간 '돼지국밥', 수육과 순대가 들어간 '순대국밥', 돼지 내장 등이 들어간 '내장국밥', 수육과 내장이 들어간 '섞어국밥', 수육, 순대, 내장 등이 모두 들어간 '모둠국밥', 밥과 육수가 따로 나오는 '따로국밥', 수육과 육수, 밥이 따로 나오는 '수육백반', 밥 대신 국수가 들어간 '돼지국수' 등이 있다. 이는 모든 지역의 돼지 음식이 부산에서 '부산 돼지 국밥'으로 정착했다는 의미를 내포하고 있다.

또 하나, 산업도시, 장터도시 부산에서 돼지국밥은 '야성野 性을 연마'하는 음식이다. 부산은 야성이 강한 곳이다. 반골정 신으로 똘똘 뭉쳐 사회의 민주화를 위해 분연히 일어났던 곳 이다. 독재의 그늘을 일거에 무너뜨렸던 '부마항쟁'과 '6월 항 쟁', 그리고 정치적 위기가 있을 때마다 부산발 선거 열풍으로 그 위기를 잠재우던 곳이 부산이다.

부산의 이 야성은 어디에서 오는가? 대대로 내려오는 부산 사람들의 불의에 대한 저항정신에서 찾을 수도 있겠으나, 혹 자는 부산 사람들이 즐겨 먹는 음식에서 그 근원을 찾기도 한다. 화끈하게 매운 음식들이나, 펄떡펄떡 생명력이 퍼덕이 는 해산물 등도 있겠지만, 여름철에도 땀 뻘뻘 흘리며 끝까지 한 그릇 뚝딱 해치우고야 마는 '돼지국밥'이 그 대표이다.

부산의 중견 시인 최영철의 〈야성은 빛나다〉라는 시를 잠 시 살펴보자.

야성을 연마하려고 돼지국밥을 먹으러 간다
그것도 모자라 정구지 마늘 새우젓이 있다
푸른 물 뚝뚝 흐르는 도장을 찍으러 간다

히죽이 웃고 있는 돼지 대가리를 만나러 간다

돼지국밥에는 쉰내 나는 야성이 있다

어디 그뿐인가 시장바닥은 곳곳에 야성을 심어 놓고 파는 곳

그 따위 현혹되지 않고 오로지 야성만을 연마하기 위해

일념으로 일념으로 돼지국밥을 밀고 나간다

둥둥 떠다니는 기름 같은 것

그래도 남은 몇 가닥 털오라기 같은 것

비계나 껍데기 같은 것

땀 뻘뻘 흘리며 와서 돼지국밥은 히죽이 웃고 있다

목 따는 야성에 취해 나도 히죽이 웃고 있다

그것도 모자라면 마늘 양파 정구지가 있다

눈물 찔끔 나도록 야성은 시장바닥 곳곳에 풀어 놓은 것

히죽이 웃는 대가리에서 야성을 캐다

홀로 돼지국밥을 먹는 이마에서 야성은 빛나다

　이 시는 부산 사람들의 기질을 잘 반영하면서도 부산 음식
의 특징을 제대로 꿰뚫고 있다. 부산에서 '돼지국밥'은 지리멸
렬한 의식들을 일으켜 깨우고 몸으로 오롯이 전이시켜 꿈틀
꿈틀 몸을 움직이게 하는 음식이다.

　들끓는 뚝배기 속 돼지국밥은 부추, 마늘, 양파 등 온갖 가

열찬 양념 재료를 아낌없이 넣어 먹기에 부산의 펄펄 끓는 야성을 제대로 담았다. 시장바닥에서 아무렇게나 퍼질러 앉아 먹는 돼지국밥은 노동식으로도 적격이다. 시장 바닥의 돼지국밥은 기름이 둥둥 떠다니고, 돼지비계와 껍질도 분리하지 않아 지극히 '야성적'이며, 신성한 노동을 앞두고 전투력을 상승시키는 '노동식'이다.

그리하여 돼지국밥을 먹은 얼굴에서는 송글송글 굵은 땀방울이 노동의 결과물처럼 빛이 난다. 부산 사람들의 '화끈한 기질'을 더욱 부추기는 음식인 것이다. 때문에 이 국밥 한 그릇으로 부산 사람들은 부산의 '들끓는 야성'과 '쉰내 나는 노동성' '분연한 반골정신'을 회복한다. 그래서 아주 '선동적인 식사'가 돼지국밥이다.

부산의 현대정치사 과정 속에서도 부산의 '반골정신'을 대변하는 음식이 돼지국밥인 것만 봐도 알 수가 있다. 영화 〈변호인〉에는 고 노무현 대통령을 모델로 한 주인공이 일을 도모하기 전후 돼지국밥을 먹는 장면이 자주 그려지는데, 돼지국밥을 결연한 의지를 반영하는 오브제로 활용한 것이다.

최영철의 시처럼 부산은 '야성의 도시'다. 부산의 돼지국밥은 정신을 몸으로 일깨우고, 그 몸의 활동을 극대화하는 '부산의 식사'다. 부산 사람들은 '부산 본연의 부산식 돼지국밥만이 부산을 부산답게 한다.'라고 여긴다.

활기찬 장터의 도시이자, 야성의 도시인 부산. 그 정체성과 걸맞은 음식이 돼지국밥이다. 때문에 돼지국밥이 부산 사람을 하나로 뭉치는 매개로 작용한다는 뜻이기도 하다. '이질적인 다양한 것들이 펄펄 끓는 가마솥에서 모두 하나가 되는 것'이 부산 사람들의 정신이라고 볼 때, 돼지국밥은 그러한 부산 사람들의 정신, 그리고 부산 음식의 정점에 서 있다고 할 수 있다.

부산 돼지국밥 맛의 핵심 포인트, '토렴'

돼지국밥을 제대로 내는 가게 앞에는 으레 커다란 가마솥이 하나 이상씩 걸린 모습을 볼 수 있다. 그 가마솥 안에는 늘 뽀얀 육수가 펄펄 끓어대고 있기에, 지나가는 사람들 발길 붙잡으며 마음마저 따뜻하게 데워준다. 추운 날씨에 몸이 으슬으슬할 때 펄펄 끓는 이 육수에 국밥 한 그릇 말아 뚝딱하면 더 이상의 매력적인 음식도 없을 것이다.

이렇게 가마솥에 뜨거운 육수를 항시 준비해놓고 있기에, 뚝배기에 미리 준비한 밥과 고기 고명을 넣고 육수만 부으면 손님에게 바로 돼지국밥을 낼 수가 있다. 게다가 오래도록 진득하게 응집된 육수에는 주인의 지난한 정성이 고스란히 스며들어 있어 더욱 기껍다. 그러하기에 장터 방식의 우리네 가마솥국밥은 가장 건강하면서도 이상적인 '패스트푸드'라 할 수 있다.

돼지국밥을 말 때 자세히 보면 주인장이 가마솥에 뚝배기를 대고 육수를 붓고 따라내기를 빠르게 여러 번 반복하는 것을 볼 수 있다. 이런 행위를 '토렴'이라 한다. 이 광경이 외국 사람 눈에는 비위생적으로 느껴질 수 있고, 또 이 토렴 방식을 오해해서 여러 번 민원이 들어오기도 했다.

하지만 이 '토렴'은 우리 전통의 국밥 조리 방식 중 하나로, 밥이나 국수 등에 뜨거운 국물을 여러 번 붓고 따라내면서 음식을 데우는 것이다. 특히 국밥을 오래도록 따뜻하게 먹기 위해 '국과 밥'을 한 음식으로 '일체화'시키는 행위다.

과학적으로 보면, 국밥을 '따뜻한 밥'으로 말면 밥알 속에 있는 전분이 빠르게 국으로 퍼져, 밥은 불어 물러지고 국물은 탁하게 변하므로 '깔끔하고 시원한 국밥'이라는 본연의 맛을 잃어버린다. 반대로 식은 밥을 토렴하지 않고 국에 바로 말면 '뜨끈한 국밥'의 묘미를 잃을 뿐 아니라, 밥알에 진한 국물의 풍미가 제대로 스며들지 않아 제대로 된 국밥을 즐길 수가 없다.

그런데 토렴 방식으로 국밥을 내면, 식은 밥 속으로 뜨겁고 진한 국물이 흡수되어 국의 영양과 풍미를 온전히 품어내면서도 밥알에서 빠져나오는 전분의 양을 일정하게 조절해 준다. 때문에 토렴을 하면 국물의 맛도 훼손하지 않고, 밥의 식감도 살리면서, 오래도록 적당하게 뜨거운, 깔끔하고 감칠맛 도는 국밥을 맛볼 수 있는 것이다.

이는 돼지를 식재료로 사용하는 돼지국밥에는 꼭 필요한 조리 과정이며, 부산에서처럼 빨리 먹고 가야 하는 노동음식, 많은 사람이 한꺼번에 이용하는 장터음식인 '부산식 돼지국밥'에는 필수불가결한 방식이라 하겠다. 이처럼 토렴은 돼지국밥을 바로바로 맛있게 만들어내면서, 또한 뜨끈뜨끈하게 먹기 위해 개발된 국밥 조리 기술이다. 그러하기에 부산의 오래된 돼지국밥집에서는 대부분 토렴 방식으로 국밥을 내는 것이 '부산돼지국밥'의 또 하나의 특징이기도 하다.

돼지국밥집의 시대적 입지 조건과 대표 골목들

'오랜 시간과 진득한 정성이 있어야만 맛있어지는' 돼지국밥. 특히 야성이 강했던 부산에서 여름철에도 땀 뻘뻘 흘리며 돼지껍질에 몇 가닥 붙어 있는 털과 함께 허벅허벅 배를 채우던 음식이었다. 또한, 부지런히 노동을 하던 중 급하게 한 그릇 바삐 먹고 가는 노동의 음식이기도 했다. 때문에 부산의

'장터문화'와도 걸맞은 음식이기도 하다. 그러하기에 노동의 삶의 온몸으로 겪어내던 억척스런 부산 아지매들의 성정과도 많이 닮아 있는 것이 바로 돼지국밥이다.

부산에서는 사람이 많이 모이는 곳 어디서나 돼지국밥집을 찾을 수 있고, 곳곳에 돼지국밥 골목이 형성되어 있다. 그중에서도 유동 인구가 많은 재래시장이나, 부산의 관문인 역과나 터미널, 그리고 노동자들이 밀집해 있는 공단 부근 등에 돼지국밥집이 다수 밀집해 있다. 주머니 가벼운 대학가 인근에서도 집단화한 경우가 많다.

돼지국밥집 밀집 지역은 시대에 따라 그 입지 조건이 다르게 나타난다. 처음에는 한국전쟁을 전후하여 원도심 지역의 시장을 중심으로 형성되기 시작하였다. 이주민들의 생존의 현장이었던 시장에서, 값싸고 양 많은 돼지국밥으로 노동의 동력을 얻어야 했던 '노동음식'으로 시작했기에 그렇다.

부평시장과 국제시장은 부산 돼지국밥의 원조 격인 지역으로, 이곳에서 이북 피난민들이 돼지대가리와 사골, 돼지 부산물 등을 통해 돼지국밥을 재창조해냈다. 때문에 부산의 돼지국밥집들은 중구, 서구, 동구, 진구, 영도구 등 근현대 부산의 중심지에서 발전했다. 30년 이상 오래되고 전통적인 돼지국밥집은 거의 이 일대에 자리하고 있다.

그 이후에는 부산의 관문인 역과 버스터미널 등지에 돼지국밥집들이 형성되기 시작했다. 부산역 근처의 초량시장 인근, 사상시외버스터미널 부근의 돼지국밥도 부산이 산업화 과정을 거치던 1960년대부터 그 유명세를 떨쳤다. 역이나 터미널 등에서 타고 내리는 승객들에게 돼지국밥은 꽤나 매력 있는 끼니였다. 시외로 가는 이들에게는 든든함을, 부산으로 오는 이들에게는 '깊고 구수한' 부산의 맛을 제공한 것이다. 이들 부산의 관문을 통해 오늘날 다양한 부산 돼지국밥의 종류가 타 지역 이주민들에 의해 유입되기도 하고 타지로 전파되는 과정을 거치게 된다.

　1970년대를 지나면서 노동 집약 기업들이 사상, 장림, 녹산 등에 공단을 형성하면서, 주변에 값싸고 영양가 있는 돼지국밥집들이 성행하게 되었다. 각지에서 몰려온 노동자들의 훌륭한 끼니이자 노동음식으로 환영을 받은 것이다. 그 외에 대학이 있는 주변의 시장이나 상업지도 돼지국밥의 주요 입지 중 하나이다.

　현재 부산 돼지국밥 골목의 입지 조건을 충족하고 있는 대표적인 돼지국밥 밀집 지역을 살펴보면, 대략 '서면시장 돼지국밥 골목'과 '수정시장 돼지머리국밥 골목' '조방 앞 돼지국밥 골목' 등을 들 수가 있겠다.

서면시장은 판자촌의 가설 시장을 현재의 건물로 지은 것이 1969년도이니, 2019년 현재, 시장 개설 50년째가 되는 셈이다. 돼지국밥은 그 이전 가설 시장 때부터 장작불에 가마솥 걸어놓고 팔았으니, 시장보다 역사가 더 오래되었다. 결국 서면시장의 돼지국밥집은 60~70년째 영업을 하고 있기에, 음식에 배어 있는 세월의 맛은 이미 짐작하고도 남음이 있다. 3대째 내려오는 돼지국밥집은 원래 열 집 정도 있었으나 현재는 다섯 집만이 영업을 하고 있다.

서면시장 안의 돼지국밥은 샐러리맨들이 퍼질러 앉아 소주 한잔과 함께 오랜 시간 즐기기 좋다. 국밥의 깊은 맛을 음미할 수 있기에 안성맞춤이라는 뜻이다. 그래서 입맛 까다로운 예술인들도 자주 찾아와 담소를 즐길 정도로 부산 돼지국밥을 제대로 맛볼 수 있는 곳이다.

수정시장의 '돼지머리국밥집'들은 시장 골목에 스무 집 정도 밀집해 있는데, 그날 잡은 돼지대가리를 뼈만 발라내고 남은 '머리고기'로 국밥을 비롯해 수육 등 다양한 음식을 만들어낸다. '돼지머리고기'는 10여 가지의 다른 맛을 낼 정도로 맛깔스럽다. 큰 가마솥에서 은근한 불로 끓여낸 돼지국밥은 물론이고, 국밥 속 '뽈살'을 직접 담근 묵은 김치에 싸서 먹으면, 입 안 가득 고이는 고소하고 깊은 맛이 젓가락을 놓지 못할 정도로 유혹적이다.

앞서 부산의 관문에는 어김없이 돼지국밥 골목이 형성되었다고 기술했는데, 조방 앞 돼지국밥 골목도 그렇게 형성된 곳이다. 1970년대 이곳에는 시외버스터미널이 있었다. 일명 조방 앞 버스터미널. 이제 버스터미널은 이전하고 없지만, 인근 자유시장, 평화시장, 중앙시장 등과 함께 그 명맥을 유지하고 있는 곳이 바로 '조방 앞 돼지국밥 골목'인 것이다. 시장 상인들이 즐겨찾기에 국물은 깊고 시원하며, 수육은 부드럽고 고소한 것이 특징이다.

이들 돼지국밥집 중 사업자등록상 부산 최초의 돼지국밥집이 있는데, 1953년 개업한 중구 동광동 소재의 '하동집'이다. 돼지 뼈로 우려낸 뽀얀 육수에 밥과 돼지고기를 만 돼지국밥을 내는 곳으로, 부산의 시인, 예술가들이 자주 드나들던 집이었다. 지금은 폐업했다.

'영도소문난돼지국밥'은 주인장의 주장으로는 부산 최고最古의 노포다. 제주 출신의 집안이 한국전쟁 이전에 부산에 정착, 영도구청 사람들을 대상으로 제주식 돼지국밥을 말아 팔았다고 한다. 그 외에도 범일동 할매국밥(1956년), 토성동 신창국밥(1969년), 서면시장 송정 3대국밥(1948년), 조방 앞 합천식당(1960년대 말) 등이 대표적인 노포로 인정받고 있다.

부산 돼지국밥의 외연을 넓히는 데 큰 역할을 하고 있는 식당들도 있다. 수육용 고기를 항정살과 갈비살을 이용하면서 수육백반이 유명한 '쌍둥이 돼지국밥', 본격적인 사골 육수를 깔끔하게 뽑아내 대중화한 '대진명가 돼지국밥', 수육용 돼지 살코기 삶은 육수로 국밥 대신 맑고 깔끔한 돼지국수와 1인분 수육만을 내는 '평산옥', 돼지갈비 부위를 수육화한 갈비수육을 내는 '마산집', 돼지수육을 와인과 함께 먹을 수 있을 정도로 다이닝화한 양산국밥, 연제구 연산동의 '경주박가국밥', 구포시장 근처 '덕천고가' 등도 부산 시민들에게 사랑받고 있다.

지금껏 시대적으로 돼지국밥집의 입지 조건이나 밀집 지역, 대표 식당 등을 살펴보았는데, 요즘은 돼지국밥 메뉴도 다양화되고 고객의 입맛에 스스로 맞춰가는 추세로 변화하고 있다. 가게도 번화가 중심에 위치하면서 대형화되고 있다. 그 여파로 돼지국밥의 전국화와 고급 음식으로의 도약도 꿈꾸고 있다.

돼지국밥과 더불어, 부산 음식이 갈 길

부산은 돼지국밥과 더불어 다양한 돼지고기 음식이 발달한 곳이다. 부산 음식의 특성 중 하나는 '차선의 음식' '대용의 음식'이 발달한 것이다. 식재료가 부족하고 조악했기에 '최선의 음식'을 먹기 힘들었고, 기존의 식재료 대신 대체재로 음식을 만들어 먹어야 했다.

그 대표적인 음식이 돼지국밥이고, 돼지고기가 원래 쇠고기 대용의 음식이라는 의미에서도 부산의 식문화와 잘 맞아 떨어지는 부분이 있다. 농경국가였던 우리나라는 예부터 소를 식재료로서가 아니라 농업 노동력을 제공하는 가축으로서 많이 인식했기 때문이다.

돼지는 예부터 발복發福의 상징이다. 12간지 중 돼지亥 해는 다산多産, 다재多財, 다복多福이 성盛하는 해이기도 하다. 10가지 천간天干 중에서도 돼지를 상징하는 네 번째 천간인 정丁은, 불이나 황금 등 성盛하는 것을 의미한다. 불이나 황금은 활활 타오름을 뜻한다. 따라서 재물이나 생명의 기운이 상승하는 형국으로, 상서로움의 상징이다. 고사 지낼 때 '돼지머리'를 올리는 것도 같은 이유에서다.

우리 민족은 돼지고기를 즐겨 먹는 민족 중 하나다. 길조吉兆의 음식을 먹음으로써 발복하자는 의도이기도 하거니와, 돼지고기의 달고 부드러운 성질로 인해 남녀노소가 모두 즐겨 먹을 수 있기 때문이기도 하다.

돼지고기 음식의 수도, 부산

앞서 언급했지만 부산은 다른 도시보다도 돼지고기 음식이 다양하게 발달한 곳이다. 특히 부산의 돼지갈비는 '초량돼지갈비'라는 전국적인 브랜드를 만들어낸 전통의 초량시장 돼지갈비 골목이 유명하다. 초량돼지갈비는 갈비 재는 법이 아직 비밀로 붙여져 있을 정도로, 그들만의 맛을 중시하고 있다.

초량 오거리 기사식당 골목은 '돼지불백 골목'으로 바뀌 부를 정도로 유명세를 타고 있다. '돼지불고기백반'은 입안이 얼얼할 정도로 매운맛을 자랑한다. 일명 '대패 삼겹살'이라고 부르는 얇은 삼겹살구이도 그 열풍이 초량에서부터 시작되었다.

서면 공구상가 골목으로 가면 숯불에 돼지목살이나 통삼겹살, 그리고 항정살 등 특수부위를 구워 먹는 골목이 있다. 온 동네가 고기 굽는 연기로 자욱하지만, 풍부한 육즙의 그 맛만은 아주 특별하다. 부평동 일대에도 숯불구이와 돼지갈비를 파는 골목이 형성되어 있다.

쫀득쫀득 씹는 맛이 일품인 '문현동 돼지곱창'은 서민들에게 값싸고 유일한 단백질 공급원이었다. 돼지곱창은 신체 저항력과 면역력을 높여주는 음식으로 대창, 소창, 암뽕, 애기보 등 다양한 부위로 그 맛을 낸다. 그래서 씹는 맛이 각양각색인 데다 맵싸한 양념이 개운하게 뒤를 받쳐주어 여성들이 더 많이 찾는 음식이다. 연탄불에 지글지글 익는 곱창과 소주 한 잔이면 샐러리맨들의 '하루의 피로'가 싹 달아난다. 일제강점 기에 골목 근처에 도축장이 있어, 그 부산물을 이용하여 음식을 만들어 팔았던 것이 이 골목의 시초다.

수정시장의 '돼지뿔 수육'은 그 맛이 10여 가지다. 돼지머리 속 다양한 부위의 고기를 발라내 구수하게 삶아내므로, 한 점 집을 때마다 각각의 다른 맛에 먹는 재미가 흥미진진하다. 가격도 다른 부위의 수육보다 저렴해 서민 술안주로도 좋은 착한 음식이다.

부평동 돼지족발 골목은 족발 골목으로는 전국 최대의 규모다. 나름의 오랜 비법으로 쫄깃쫄깃하면서도 구수한 맛을 내는 일품음식이다. 족발은 젖을 잘 나오게 하는 비타민B 와 단백질이 풍부해 산모들에게 아주 좋은 음식으로 알려져 있다. 뿐만 아니라 족발에는 쫄깃하고 고소한 맛을 내는 콜라 겐 성분이 풍부한데, 이 콜라겐은 장수를 돕고 피부를 맑게 하는 물질이다. 해서 족발은 여성들에게는 피부 미용에 아주 좋고, 노인들에게는 장수 식품으로 유명하다.

자갈치시장과 새벽시장이 만나는 골목에는 돼지껍데기집과 돼지감자탕집이 섞여 서민들의 발길을 붙잡는다. 불 조절에 따라 부드럽기도 하고 쫀득하기도 한 돼지껍데기는, 달콤 매콤한 양념 맛과 어우러져 '소주 한 병이 어디로 샜는지 모를 정도'다. 돼지감자탕은 걸쭉한 국물 맛도 그렇지만 돼지등뼈 속 고기와 함께 먹는 감자 맛이 한없이 부드럽고 그윽한 음식 이다.

이렇듯 부산 사람들의 돼지고기 사랑은 발복의 속설도 그 이유이지만, 무엇보다 다양한 부위에서 다양한 맛을 내는 돼 지고기의 다양성 때문이다. 부산은 펄펄 끓는 도가니와 같이 수많은 질료가 혼재하는 다양성의 도시다. 돼지 한 마리에서 나오는 푸짐하고 다양한 입맛의 음식들은 부산 사람들의 성 정과도 많이 닮아 있다. 그러하기에 부산 사람들이 돼지 음식 을 선호하는지도 모를 일이다.

부산 식문화의 과제와 부산 돼지국밥의 미래

지금껏 살펴보았듯이, 부산의 대표 음식은 부산의 근현대사 와 맞물려 수용, 혼용, 발전을 거듭하며 오늘에 이르러 '부산의 향토음식'으로 자리 잡았다. 그러나 이마저도 근래에 와서는 그 존재의 위기를 맞고 있다. 최근 관광 활성화와 음식문화·시 장의 급속한 발전·성장으로 '부산 음식의 전국화'가 이루어지 면서, 부산 사람들의 끈끈하고 화끈한 성정을 내포하고 있던

다양한 문화를 수용한 부산처럼, 돼지국밥도 국수로, 따로국밥으로 분화해 다양성을 뽐내고 있다.

부산 음식 고유의 정체성이 흔들리고 있는 것이다.

부산의 음식은 양념이 강하면서도 원재료를 잘 살리고, 자극적이면서도 깊은 맛을 내는 것이 특징이다. 맵고 짜면서도 시원하고 진한 풍취를 자아내는 음식이 바로 '부산 음식'이다. 그러나 전국화 과정에서 조미료의 과다 사용과 단맛 일색의 양념 선택 등으로 부산 음식 본연의 맛을 잃어버리고 있는 실정이다.

어차피 음식은 수요자의 입맛을 존중해야 하겠으나, 수요자 존중이 지역 향토음식을 쇠락의 길로 인도하고 있는 것이 현실이다. 이는 한 지역을 대표하고 한 지역을 적확하게 알리는 향토음식의 제반 특징으로 봤을 때, 독이 든 성배일 수도 있다.

부산의 돼지국밥 또한 마찬가지다. 현재 부산 돼지국밥은 사람들의 선호도에 따라 다양한 맛과 재료, 레시피 등이 분화·전문화되고 있다. 야성의 묵직한 무게감을 원하는 시장식 정통 돼지국밥부터, 고급 재료를 사용하고 깔끔한 맛을 재현하는 퓨전식 돼지국밥에 이르기까지 고객의 다양한 입맛을 충실히 만족시키고 있다.

그러나 '음식은 고객의 입맛에 맞추는 것'이라는 관점은 외식산업의 한계 중 하나일 수도 있다. 지극히 당연한 일이지만,

부산의 소울푸드로서 부산의 정신과 부산 사람의 정체성은 항상 그 음식에 남겨두어야 한다는 점을 간과해서는 안 된다.

부산시에서는 현재 8곳의 돼지국밥집을 부산의 대표 돼지국밥집으로 선정해놓았다. 본전돼지국밥, 쌍둥이돼지국밥, 송정3대국밥, 할매국밥, 신창국밥, 합천일류돼지국밥, 대건명가돼지국밥, 제주할매순대국밥인데, 그 역사나 맛 등 독특한 특징을 내세워 부산 돼지국밥의 전통을 이어나가고 있다.

돼지국밥은 정신을 몸으로 일깨우고, 그 몸의 활동을 극대화하는 '부산의 식사'다. 부산 본연의 부산식 돼지국밥만이 부산을 부산답게 한다. 활기찬 장터의 도시이자 야성의 도시인 부산, 그 정체성과 걸맞은 돼지국밥만이 해답이다. 맛과 정신, 이 두 가지의 공존이야말로 부산의 돼지국밥이 풀어야 할 숙제이기도 하다.

기실 부산의 향토음식은 '최선의 음식'이 아닌 '차선의 음식'이었다. '대체의 음식'이자 '차용의 음식'이다. 그러나 부산의 음식은 춥고 배고픈 시절, 부산 사람들의 따뜻하고 푸근한 마음을 전해준 착한 음식이다. 조금 부족하고, 조금 열악한 음식이었지만, 마음만은 배부른 음식이 '부산의 향토음식'이었던 것이다.

앞서 기술했다시피, 향토음식은 그 지역 사회상을 비추는 거울이다. 따라서 지역의 음식을 계승, 보전하는 것은 지역의 정체성을 지키는 일이기도 하다. 일본처럼 지역의 맛을 철저하게 보전·계승해야만, 제대로 된 향토음식을 맛보기 위해 그 지역을 찾는 사람들의 행렬도 끝없이 이어지는 것이다.

부산의 전통음식을 대상으로 개인의 상업화 행위를 막을 수는 없지만, 이대로라면 겨우 착근한 부산 고유 음식의 뿌리를 다시금 잃어버리는 우를 범할 수도 있다. 때문에 빠른 시일 내 부산의 향토음식에 대한 다양한 연구가 필요한 때다.

향토음식의 유래와 발전 및 변천사 등 향토음식사의 기록과 지역사회와의 관계망 연구, 시대별 음식 레시피 확보와 기록 작업 등 전통음식 보전을 위한 다각적인 노력과 지원이 절실하다. 특히, 부산과 부산 사람들의 정체성을 잘 함의하고 있는 돼지국밥에서부터 부산 향토음식의 원형 연구가 시작되어야 함은 두 번 언급할 필요가 없겠다.

바다, 햇볕, 소금
그리고 손맛과 인심이 더한 맛,
남도의 간국

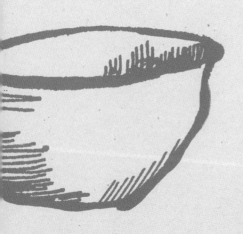

김준

어촌사회 연구로 학위를 받은 후 30여 년을 섬과 어촌 그리고 갯벌에 기대어 사는 사람과 생물에 눈을 맞추고 있다. 뭍에서 파괴된 오래된 미래가 바다에 있을 것이라는 확신으로 갯살림과 섬살이의 지혜를 찾고 있다. 그것이 미래세대에게 지속가능한 지구를 물려주는 일이라 생각하기 때문이다. 지은 책으로 《김준의 갯벌이야기》《어떤 소금을 먹을까?》《바다맛 기행 1, 2, 3》《섬: 살이》《섬문화 답사기 1, 2, 3》 등이 있다. 지금도 갯벌과 바다, 섬과 어촌을 찾아 그 가치를 글과 사진으로 기록하고 있다.

간국을 아시나요?

시원한 국물을 원하시나요? 이럴 땐 어떤 탕을 선택하나요? 매운탕, 맑은탕? 둘 다 아닌 '간국'을 아시나요?

더할 것도 뺄 것도 없는 간결한 재료로 간국이 깊은 맛을 낼 수 있는 것은 오롯이 바다가 곁에 있는 탓이다. 바다가 인간에게 준 가장 큰 선물, 바닷물고기와 소금의 만남이다.

간국은 무엇인가

간국의 역사나 연원을 찾기는 어렵지만, 말린 생선, 즉 건어를 이용한 기록은 오래되었다. 생선 역시 곡식이나 고기와 마찬가지로 가장 오래된 보관과 저장 방법은 햇볕에 말리는 것이며, 소금을 비롯해 향신료를 첨가해 보관하는 방법도 많이 쓴다. 생선은 물이 많고 단백질이 많이 포함되어 공기 중에 노출되었을 때 쉽게 부패한다. 따라서 습기를 제거하는 방법으로 일찍부터 말리거나 소금으로 염장했다. 그리고 자연스럽게 염장해서 말리는 원시적인 가공법이 발달했다. 어패류의 의존도가 상대적으로 높지만 가공과 보관이 쉽지 않은 섬 지역에서는 일찍부터 건어를 이용한 조리 방법이 발달했다. 이는 전라도 지역에서 오래전부터 간국을 먹기 시작했던 이유다.

간국의 사전적 의미는 '짭짤한 국물'이다. 《전통향토음식 용어사전》은 "찐 생선에 두부, 채소 등을 넣어 끓인 국으로 물에 찐 흰살생선과 무, 다시마를 넣어 끓인 다음 고춧가루와 두부를 넣어 끓으면 소금 간을 하고 대파, 매운 고추를 넣어 끓인다."라고 적고 있다. 그리고 "경남 지역 음식"이라고 덧붙였다. 옹진, 인천, 서산과 태안, 영광, 신안, 목포, 진도 등 서해안 지역은 일찍부터 건어물이 발달했다. 조기부터 망둑어까지 모든 생선이 건어의 대상이지만, 서해를 대표하는 건어물로는 조기, 민어, 우럭, 숭어를 꼽을 수 있다. 이외에 서대, 장대, 홍합은 말할 것도 없거니와, 바지락, 굴도 말려 보관하고 식재료로 이용한다.

간국은 말린 생선, 즉 건어乾魚에서 시작된다. 건어의 기록은 고려 후기 충령왕 7년(1281) 완성된 《삼국유사》에 등장한다. 신문왕 대 존경받던 고승 경흥이 말을 타고 의장을 갖춰 예궐하는 중 거지 행색의 거사를 만나자 "너는 승복을 입고 어찌 부정한 물건을 짊어지고 다니느냐."라고 꾸짖었다. 그

바다, 햇볕, 소금 그리고 손맛과 인심이 더한 맛, 남도의 간국

러자 거지는 "두 다리 사이에 생육을 끼고 다니는 것보다 시장에서 파는 말린 생선을 등에 짊어지는 것이 뭐 잘못이냐."라고 말했다.

원元 황태후에게 해채·건어·건포 등을 바치다.
甲寅 遣使如元, 獻海菜·乾魚·乾脯等物于皇太后, 贊成事裵挺, 以王旨如元, 獻畵佛.
—《고려사》세가世家 제33권 12월 11일(음)

《조선왕조실록》에는 진상하는 물목이나 왕이 신하에게 내리는 물목에 '물고기'가 빈번하게 등장한다. 그 형태는 건어물과 어해魚醢, 어자魚鮓, 어유魚油, 건수어乾水魚, 어교魚膠 등이다. 어해는 젓갈이며, 어자는 소금에 절인 물고기다. 둘 모두 젓으로 해석하지만 전자가 오늘날 젓갈이라면 후자는 염장한 생선으로 추정된다. 젓갈은 굴젓, 명란젓, 새우젓, 조기젓 등이 왕실에 많이 올랐다. 어자는 복어자鰒魚鮓, 은구어자銀口魚鮓, 생복어자生鰒魚鮓, 석수어란자石首魚卵鮓, 홍합자紅蛤鮓, 백하자白蛤鮓 (새우젓) 등이 있다. 오늘날 젓갈로 사랑을 받는 것도 있지만, 복어, 은어(은구어), 홍합처럼 젓갈로 익숙하지 않은 물목도 있다. 특히 소금에 절인 숭어를 사용한 '염수어적'처럼 생선적

간국은 말린 생선, 즉 건어에서 시작된다. 전남 영광 송이도에서의 생선 말리기.

이나 생선구이로 어자를 사용했을 가능성이 크다.

《조선왕실의 밥상》(정혜경, 2018)을 보면 '왕실 음식발기 속 식재료별 분류'에 어물로 "염방어, 염연어, 염고도어, 염전어, 염진어" 등이 등장한다. 어자에 해당하는 어물들이다. '발기' 는 왕실에서 의례용으로 사용되는 물품, 구량, 인명 등을 기록한 고문서를 말한다. 《시의전서》에 소개된 '조기조치' '명랑조치' 등 조치(찌개)류나 탕과 국에도 소금에 절인 생선들이 사용되었을 가능성이 크다. 직접 간국이라는 명칭이나 유사한 용어는 찾기 어렵다. 다만 어자와 건어물과 건수어를 주목할 필요가 있다. 어자가 소금에 염장한 것이라면 나머지 둘은 햇볕과 바람에 말린 생선이다. 탕류, 조치류, 전골류, 찜류, 조림류, 전류 등에 생선을 재료로 사용한다. 이 중 말린 생선을 사용하면 좋을 음식류를 찾기 어렵다. 당시 보관과 운반이 어려웠을 사정을 고려하면, 산지나 바닷가 주변이 아니면 생물이나 선도가 좋은 재료를 사용하기 어려웠을 것이다.

간국과 건어

간국은 생선을 염장해 말린 후 자작하게 끓여 국처럼 만든 것이다. 그러니까 모든 생선으로 간국을 만들 수 있다. 그중에서도 우럭이나 민어 그리고 숭어를 많이 이용한다. 간국으로 이용하려면 우선 대량포획이 되어야 한다. 무리를 지어 시절이 되면 제주, 진도, 신안을 지나 서해로 올랐던 조기가 대표적이다. 건어물로 가장 많이 언급되는 것은 두말할 필요 없이 조기다. 조기는 봄에 회유해 잡히기에, 말리려면 우선 염장해야 한다. 날씨가 더워지면 쉽게 부패할 수 있고, 어군을 이루어 이동하기 때문이다. 대신, 봄에 잡힌 조기는 살이 돋고 기름지다.

이보다 앞서 겨울부터 초봄까지 대량으로 포획되는 것이 숭어다. 연안이 오염되면서 그 맛과 풍미가 퇴색했지만 서해안에서 말린 숭어찜에 대한 향수는 대단하다. 조기에 이어서 늦봄에서 여름 내내 잡히는 민어는 값과 공력을 생각하면 염장해 말리는 것보다 선어를 택했다. 특히 민어회가 널리 알려지고, 민어탕이 여름 보양식으로 인기를 얻으면서 건어물로 가공할 필요가 없었다.

조기, 부서, 민어 등은 모두 부레가 있는 바닷물고기다. 산란을 앞두고 북북 우는 소리를 듣고 그물을 놓았다. 지금도 임자도, 암태도 등 신안의 민어 잡이 어민 중에는 대나무 통을 바다에 넣고 우는 소리를 듣고 그물을 놓는 이들이 있다. 갯골이나 바닥에 붙어 있는 민어는 어탐기로 확인할 수 없지만 대나무 통을 이용하면 민어의 위치를 확인할 수 있다고 한다.

바다, 햇볕, 소금 그리고 손맛과 인심이 더한 맛, 남도의 간국

우럭은 사정이 다르다. 우럭 가두리 양식과 간국은 생산과 보시를 연결하는 환상의 궁합이다. 봄 해쑥과 도다리의 조합처럼 말이다. 우럭은 살보다 뼈다. 머리도 크고 뼈도 억세다. 자연산 우럭은 맑은 탕으로 끓이면 국물이 고소하고 입안에 쩍쩍 붙는다. 우럭 양식을 많이 했던 곳이 흑산도 근해였다. 지금도 대둔도, 다물도, 흑산본도 일대에서 우럭 양식을 많이 하고 있다. 회보다 탕이지만 생물로는 한계가 있다. 오래전부터 조기간국을 먹어왔던 목포와 흑산도 일대의 주민들에게 우럭간국은 자연스런 선택이었다. 연안에 가득했던 봄철 조기가 떠난 뒤 그 자리에 우럭 양식이 시작되었다. 이제 조기 간국 대신 우럭간국이 밥상에 올랐다. 더 정확하게는 손님들 밥상에 오르기 시작했다. 그리고 목포 식당 메뉴에 기록되기 시작했다.

지역을 보면, 목포나 신안에서 간국을 즐겨 먹는다. 지금은 목포나 흑산 지역 식당에서 간국을 메뉴로 만들어 팔고 있지만, 예전에는 주민들이 봄가을에 말려 겨울철 밥상에 올렸다. 목포에서는 세발낙지, 홍어삼합, 민어회, 꽃게무침, 갈치조림, 병어회(찜), 준치무침, 아구탕(찜) 등과 함께 우럭간국을 '목포 9미'로 선정했다. 건어물 중에서 조리하기 좋은 생선은 조기이며, 다음으로 민어, 부서, 농어 등이다. 최근에는 우럭, 숭어도 말려서 찌거나 탕으로 조리한다. 어민들은 생선을 말린 건어 혹은 건어물이 생물보다 육질이 더 쫄깃하고 당도도 있다고 한다. 보관 시설이 발달하면서 완전 건조하기보다는, 곧바로 조리할 수 있게 '반건조'로 상품을 만들고 있다.

말린 생선의 비밀

찬바람이 불기 시작하면 진도, 신안, 목포, 영광 등 서남 해안 바닷가 마을은 분주하다. 숭어, 민어, 농어, 우럭을 간수에 담갔다가 햇볕에 말린다. 조기가 많이 잡히던 시절에는 주목하지 않았던 생선들이다. 이를 '건정'이라고 한다. 하늬바람이 시작되는 늦가을이 좋다. 옛날에는 모두 바닷가에서 직접 잡아 염장했다가 말렸지만, 지금은 부서나 조기 등을 시장에서 사 와 직접 염장해서 햇볕에 말리기도 한다. 이때 말린 생선은 설이나 다음 해 제사에 제물로 올린다. 숭어, 민어, 농어 등은 잡히는 시기가 봄이나 여름철이다. 봄이나 여름에는 생선을 건조하기 적절치 않다. 이럴 때는 잡은 즉시 갈무리해 급냉동을 해서 보관했다가 찬바람이 나면 꺼내 해동시켜 손질한 뒤 건조하기도 한다.

진도군 조도에서는 가을이면 굴비를 엮었다. 이때 사용하는 조기는 봄철에 간독에 염장해놓은 조기다. 9월이나 10월 소금을 뺀 조기를 엮어 보름 정도 말렸다. 이렇게 엮어 말린 조기를 가지고 뭍에 나가 팔아 쌀이나 생필품을 샀다. 이를 '도부到付 간다'고 했다. 조도에서는 조기를 염장할 때, 옆치기 와 절대질 두 가지 형태로 했다. 절대질은 아가미로 소금을 밀 어 넣어 채우는 방식이고, 옆치기는 배를 절개한 후 내장을 제 거하고 소금을 넣어 염장하는 방식이다. 전자는 전라도에서 유통되었고, 후자는 사천 등 경상도로 팔려갔다.

민어의 주산지는 임자도다. 이곳 외에도 옹진군 덕적도와 굴업도 인근, 평안도 신도가 조선시대 3대 어장으로 꼽혔다. 임자도에서는 잡은 민어를 바로 염장해 갯바위에 말렸다. 조 기와 달리 민어는 살이 두꺼워 절개한 뒤 내장은 젓갈을 담 갔다. 염장한 민어는 바위 위에 40여 일 정도 말렸다. 민어가 꾸덕꾸덕 마르면 짚을 놓고 민어를 쌓아 숙성하였다. 이를 '띄 운다'고 표현한다. 심지어 뜨거운 온돌 위에서 띄우기도 했다. 이렇게 만든 민어건정은 제사에 올리고 찜을 해 먹었다.

신안 증도에서도 숭어뿐만 아니라 민어를 이용해 건정을 만들었다. 민어를 잡으면 보리 항아리 속에 파묻었다. 썩지 않 고 기름만 빠졌다. 민어는 살이 두꺼워 염장하지 않고 말리면 그 과정에서 썩기도 한다. 여름 생선이라 여름에 말리면 좋겠 으나 햇볕이 뜨거워 마르기 전에 겉이 익어버린다. 옛날에는

숭어 건정. 생선을 간수에 담갔다가 햇볕에 말린 것이다.

민어 건정 만들기가 쉽지 않았다. 지금은 냉동 시설이 있어서 냉동 보관했다가 겨울에 말린다.

말린 생선으로 빼놓을 수 없는 것이 동해안의 명태와 청어, 가자미다. 이 가운데 탕으로 사용하는 것은 명태다. 청어는 과메기로, 가자미는 식해로 만들었다. 명태는 겨울철 강원도 인제군 용대리에서 겨울 넉 달 동안 얼고 녹기를 반복하며 황태나 백태로 숙성된다. 이 과정을 거쳐 황태국 재료로 변신한다.

활어보다 건어를 택한 것은 단순하게 보관을 위한 것만은 아니다. 건조 과정에서 그 맛이 깊어진다. 깊은 맛을 결정하는 이노신산이나트륨IMP 농도가 높아진다. 아미노산도 그 종과 양이 더 많아진다. 건조 과정에서 맛이 농축되고 조직감이 증가한다. 물론 수분이 빠지면서 미생물이 서식하지 못해 부패하는 것도 막는다. 《자산어보》에는 "맛은 담담하면서도 달아서 날것으로 먹으나 익혀 먹으나 모두 좋고 말린 것은 더욱 몸에 좋다."라고 했다. 말린 민어를 두고 하는 말이다. 과학적으로도 반건조 민어는 씹는 식감이 좋고, 말린 민어는 단백질이 농축되는 특징이 있다.

보통 끓이거나 조릴 생선은 두세 시간 말린다. 물기만 제거하면 된다. 햇볕과 바람에 잘 말린 것은 오래 두고 먹을 수 있을 뿐만 아니라 맛이 달라진다. 우럭은 저녁에 소금 간을 해서 하루 정도 말린다. 딱딱하게 하려면 며칠을 말린다. 우럭만 아니라 서대와 돔과 장어와 병어 등도 말린다. 서대, 돔, 장어, 병어는 민어처럼 오랜 시간을 들여 염장하고 건조시키는 게 아니라 우럭처럼 간단히 염장하고 말린다.

간국과 간독의 상관성

좋은 생선과 나쁜 생선의 구분 기준은 선도다. 논란이 있지만, 살려서 소비자에게 전달하는 것보다 바로 피를 제거하고 급랭을 시키는 것이 오히려 선도가 좋다는 설도 있다. 특히 선어로 먹는 생선은 후자를 더 선호한다. 활어가 아니라 선어에 한해서다. 지금은 얼음과 냉동 시설이 잘 갖춰져서 문제가 없지만 옛날에는 사정이 달랐다. 잡는 즉시 운반선은 가까운 저장 시설이 있는 곳으로 옮겨야 했다. 저장 시설이라야 땅을 파고 시멘트로 갈무리한 것뿐, 여기에 잡은 생선을 차곡차곡 쌓은 후 소금을 덮고 다시 생선을 쌓고 소금을 덮는 방식이다. 이를 '간독'이라고 한다.

특히 어군을 이루어 회유하며 대량으로 잡히는 조기나 고등어 등은 염장이나 얼음 보관이 필수였다. 활어로 보관하면서는 어업을 지속할 수 없기 때문이다. 따라서 고등어 회유 지역인 욕지도나 청산도 등 남해안 지역은 현지에 고등어 간독을 만들었다. 이들 지역에는 예외 없이 고등어 파시가 형성되었다. 욕지도의 자부랑개 마을이나, 청산도 도청리 일대에서 확인되고 있다.

조기는 고등어보다 회유로가 더 길고 지역 경제에 끼치는 영향도 더 크다. 《한국수산지》(1908)는 "석수어는 경상남도 마산 서북으로부터 평안도에 이르는 연해에서 나고, 조선인이 가장 즐겨하는 어류의 하나인데, 관혼상제에서 빠져서는 안 되는 물품이다."라고 적었다. 일제강점기에는 칠산탄, 고군산군도, 녹도, 연평도, 용호도 등에 조기 어장이 형성되었다. 춘삼월에 서해로 북상을 시작한 조기는 칠산바다를 지나 오뉴월이면 해주와 진남포 앞에까지 올라갔다. 조기가 지나는 길목의 섬이나 어촌 마을의 후미진 해안의 모래밭에는 초막을 지어놓고 술과 웃음으로 뱃사람을 유혹하는 아가씨들이 먼저 자리를 잡았다. 흑산도 예리, 법성포 목냉기, 위도 치도리, 충청도 녹도, 연평도 선창에 희미하게 그 흔적들이 남아 있다. 이를 파시라 했다. 조기는 그저 음식이 아니다. 하나의 문화라 할 만큼 소리, 굿, 어업, 산업 등에 끼친 영향이 크기 때문이다.

조기가 지나는 회유로에 위치한 진도군 하조도 신전마을, 관매도, 신안 증도, 영광 법성포, 부안 위도, 보령 녹도, 옹진군 연평도 모두 간독이 있었다. 그리고 예외 없이 염장을 했다. 염장법에는 물간과 섶간이 있다. 물간은 천일염을 물에 녹인 다음 조기를 엮어 담가 말리는 것이라면, 섶간은 직접 조기에 천일염을 뿌리는 염장 방식이다. 조기의 입, 아가미, 몸통에 간수를 뺀 소금을 뿌려 염장한 뒤 걸대에 걸어 건조시킨 것이 굴비다. 생선을 소금으로 절여 저장하는 것을 자반이라 했는데, 섶간도 넓은 의미로는 자반의 일종이라 할 수 있다. 엄밀하게는, 섶간보다 더 강하게 염장을 하는 것이 자반이다. 조기를 포함해 민어, 고등어, 병어, 삼치, 준치, 청어 등을 자반으로 만들었다. 조기를 물간하기 시작한 것은 냉장 시설이 발달하고, 저염식을 원하는 소비자들이 많아지면서다. 요즘은 섶간을 해서 해풍에 건조시키는 방식보다는, 물간을 한 뒤 겉이 마르면 바로 냉장하는 방식을 택한다. 자반은 고등어가 대표적이다. 고등어만 아니라 자반조기, 자반준치, 자반갈치, 자반비웃, 자반전어, 자반전갱이도 있다. 생선의 비늘, 내장, 알, 이리, 주름 등을 떼어내고 소금물로 씻어 물기를 뺀 다음 소금과 생선을 번갈아 켜켜이 쌓는다. 며칠 뒤 꺼내 마른 용기에 담아 저장하면 자반이다. 간국은 섶간을 한 뒤 말린 조기를 이용했다. 우럭, 볼락, 고등어 역시 과거에는 모두 섶간을 했다. 간독이 있었던 곳은 어업 전진기지이며 파시가 형성되었다.

염간이 어려우면 건정을 만들었다. 소금도 귀한 시절이라

햇볕에만 말려 '건정'을 만들었다. 여기가 끝나면 말린 생선이나 마른 미역 등을 가지고 '도부 나갔다.' 즉, 생선이 귀한 섬이나 뭍으로 나가서 장사를 했다. 단골이 있어 매년 같은 시기에 같은 지역과 마을을 돌며 건어물을 팔았다. 조기만 아니라 미역과 젓갈도 판매했다. 마른 생선을 팔아 마련한 돈으로 쌀은 물론 생필품을 구입해 섬으로 돌아왔다. 이 과정에서 자연스레 건어물을 이용한 조리법도 뭍으로 전파되었다. 마른 생선을 이용한 간국도 이렇게 확산되었다.

진도 조도에서도 하조도의 신전마을이나 관매도의 관매리 등에는 봄에 잡은 조기를 보관하는 간독이 지금도 남아 있다. 진도 조도어장에는 영광 칠산바다에서 조기를 잡거나 새우를 잡았던 중선배가 있었다. 중선배 한 척이면 수십 명이 먹고 살 만큼 일하는 사람도 많았고 어획량도 높았다. 지금처럼 성능이 좋은 배가 아니었고, 풍선에 노를 저어 오가던 시절에는 잡은 조기를 염장해 보관했다. 시장에 팔기 전에 집이나 가까운 곳에 땅을 파고 간독을 만들어 염장한 조기를 보관했다. 생선을 보관하는 역할뿐만 아니라, 성어기에 많은 조기가 시장에 유통되어 가격이 하락하니 물량을 조절하는 역할도 했다. 또한, 단순 가공이지만 염장해서 굴비로 만들어 가공식품으로 유통하여 가격을 높이는 것이기도 하다.

팔도 간국 탐색

입맛은 나이에 따라 다르다는 것을 실감한다. 봄이 되니 막 올라온 고사리 순에 생조기를 올리고 자작하게 조린 조기조림이 그립다. 조기 사촌인 황석어를 올려서 조려도 맛이 좋다. 그것만이 아니다. 마른 부서를 쪄서 따뜻한 밥에 올려 먹어도 좋다. 어렸을 때는 이런 반찬을 먹을 기회도 없었지만 어쩌다 잔치 뒤에 올라온 조기찜은 거들떠보지도 않았다. 달걀 프라이나 소시지 부침이 더 좋았다. 봄에 담가놓은 황석어젓도 좋지만 조기젓은 더 말할 것도 없다. 전라도에서는 김치를 담글 때 조기를 통째로 넣어 담그기도 한다. 굴비에 대한 이야기는 넘쳐나니 중언부언하지 않겠다. 그런데 조기간국은 꼭 짚고 넘어가야 할 것 같다.

조기는 떠났지만, 남은 것은 간국

10여 년쯤 되었을 것이다. 늦가을 신안군 흑산면 대둔도에서 선창에 문씨 성을 가진 분의 집에서 저녁을 얻어먹었다. 다물도로 넘어가는 길이었다. 배를 얻어 타려고 들렀다가 저녁밥상에 마주 앉았다. 그의 아내가 반찬이 없다며 따뜻한 밥 한 그릇에 국을 상에 올렸다.

말린 조기만 넣고 끓인 조기간국. 갖은양념은 고사하고 마늘과 파도 구하기 힘
든 외딴 섬의 저장음식이다.

"우리는 이것 없으면 밥이 안 넘어가야."

"육지에서는 동치미가 있어야 겨울에 밥 먹제라. 우리는 요 것에다 먹으요. 잡사볼쇼. 맛이 괜찮을 것이요."

국을 보니 정말 소금국에 조기가 달랑 한 마리 들어 있었다. 국물을 떠 맛을 보았다. 아무것도 넣지 않고 말린 조기만 넣고 끓여 간만 맞췄다는데, 맛을 의심했다. 그 깊은 맛이란. 갖은양념은 고사하고 마늘과 파도 구하기 힘들었던 외딴섬에서 밥을 먹기 위해 만든 저장음식이었다. 봄바람을 타고 흑산도 근해로 올라온 조기를 해풍에 말렸다가 반찬을 내기 어려운 겨울철에 끼니를 잇기 위해 간단하게 만들어 먹었던 요리였다. 간국이 없으면 밥이 넘어가지 않는다는 말이나 동치미처럼 먹는다는 말에서 간국이 섬 밥상에서 차지하는 의미를 읽을 수 있다.

우럭간국의 여러 유형: 우럭간국, 우럭젓국, 우럭미역국

간국을 만들 때 조리의 핵심은 비린내를 잡는 것이다. 말린 생선으로 탕을 끓일 때 가장 많이 사용하는 방법은 쌀뜨물을 이용하는 것이다. 아예 말린 생선을 쌀뜨물에 담가 불리기도 한다. 비린내도 없애고 국물이 잘 우러나도록 딱딱한 생선을 부드럽게 한다. 조리를 할 때 가장 먼저 밥 지을 쌀을 씻고 난

뜨물을 받아 숭어 건정을 담갔다. 마른 장작처럼 딱딱한 건정은 곧바로 조리할 수 없다. 숭어 건정이나 민어 건정으로 간국을 끓일 때 육질을 부드럽게 해야 하기 때문이다. 무를 넣고 다진 마늘도 넣고 반 시간 정도 끓인 후 소금이나 국간장으로 간을 맞춘다.

우럭간국은 무, 다시마를 넣고 고추와 버섯 그리고 소금으로 완성한다. 담백하고 걸쭉하며 단순한 조리법이지만 왕에게 진상했던 음식이다. 지금은 목포에서 흔히 먹는 국이다.

목포는 신안과 진도 등 서남해 섬 지역 수산물의 집산지다. 민어, 홍어, 낙지와 함께 우럭간국이 별미다. 우럭간국은 말린 우럭을 푹 끓여낸 것이다. 사골 국물처럼 뽀얗다. 서비스로 내놓은 반찬이 조기조림이다. 목포 사람들은 간국으로는 민어보다 우럭을 꼽는다. 간국의 변화는 어종의 변화와 무관치 않다. 조기가 없어진 것은 50여 년, 부서가 없어진 것은 40년쯤 된다. 우럭은 지금도 많이 잡힌다. 조기간국에서 부서간국 그리고 우럭간국으로 변해왔다.

건조한 우럭으로 끓이는 맑은탕은 깔끔한 맛을 즐기는 사람이나 속풀이국으로 좋다. 먼저 지느러미를 제거하고 적당한 크기로 잘라 찬물에 담근다. 준비해둔 육수에 무 조각을 넣고 이어 우럭포와 콩나물을 넣어 끓인다. 마지막으로 대파,

미나리, 다진 마늘을 넣고 소금으로 간을 한다.

한편, 대천, 태안, 서산에서는 '우럭젓국'을 즐겼다. 우럭은 제사상에 올리고 진상을 했던 귀한 생선이었다. 두툼한 살은 찜으로 먹고, 머리와 뼈는 제사상에 올렸던 두부를 내려 푹 끓인 후 새우젓으로 간을 해서 먹은 것이 유래라고 한다. 새우젓으로 간을 하기 때문에 우럭'젓국'이라 이름 붙여졌다는 말도 있다. 요즘은 우럭젓국도 진화해 바지락 등 조개를 넣기도 한다. 무, 양파는 기본이고 배추, 대파 등 채소를 듬뿍 넣고 다진 마늘과 청양고추를 넣어 얼큰하고 개운하게 끓인다. 여기에 두부를 썰어 넣고 간은 새우젓으로 한다.

미역국을 끓이는 데에도 마른 해산물을 이용했다. 제주의 옥돔미역국은 너무 잘 알려져 있지만 우럭, 가자미, 홍합 심지어 꽃게를 넣고 미역국을 끓이기도 했다. 강릉에서는 '우레기'라 부르는 우럭을 이용해 미역국을 끓였다. 강원도나 경상도에서 우럭을 많이 이용했다. 바닷가와 접한 마을에서는 쇠고기 등 육고기를 넣지 않고 싱싱한 생선을, 제철이 아닐 때는 마른 생선을 이용해 미역국을 끓였다. 이때 이용한 우럭류의 생선은 쏨뱅이목의 조피볼락, 볼락우럭 등이다. 뼈가 억세고 단단하며 기름기가 많아 자연산 미역과 함께 오래 끓여도 살이 부서지지 않고 국물이 진해 미역국으로 제격이다.

바다, 햇볕, 소금 그리고 손맛과 인심이 더한 맛, 남도의 간국

간국의 변화는 어종의 변화와 무관치 않다. 조기간국에서 부서간국 그리고 우럭간국으로 변해왔다. 우럭젓국(위), 우럭간국(아래).

통영, 동해안, 진주, 제주의 다양한 간국

말린 생선을 이용한 간국은 통영에서도 예외 없이 반긴다. 통영 간국의 출발은 생선을 건조시킬 때 흘러내린 짠물을 받아 끓여 먹는 것이었다. 가난으로 생선을 사 먹기 힘든 시절 간국으로 대신했다. 이게 간국의 기본이다. 극과 극이겠지만, 통영에서 최고급 간국은 능성어간국이다. 통영에서는 대구, 우럭, 조기, 돔, 동태로 부친 전에 김치를 넣고 끓인다. 생각해 보면 말린물메기탕도 간국에 포함될 듯하다. 물메기는 통영 추도, 사량도 사이에서 겨울철에 잡히는 생선이다. 찬바람이 불면 통영 섬마을은 덕장에 흐물흐물 물메기가 걸려 있다. 그곳에서는 '미기'라고 부른다. 생물로 시원하게 무를 넣고 소금 간만 해서 끓이는 물메기탕도 있지만 바짝 말린 물메기로 탕을 끓이기도 한다. 역시 쌀뜨물에 다시마를 넣고 육수를 만들어 이용한다.

서해를 조기가 대표했다면 동해는 명태였다. 간국과 가장 흡사한 동해안 음식은 북엇국이지 않을까. 서해 조기는 봄에 잡아 염장을 거쳐 조기간국을 탄생시켰다. 반대로 동해 명태는 겨울에 잡혔다. 생물의 생태, 얼린 동태 말고도 말리는 방법에 따라 북어, 황태, 백태, 흑태 등 다양하게 변신한다. 그리고 북엇국, 황태국으로 밥상에 올랐다. 고성이 주산지였지만

일찍 황태를 브랜드화한 인제군 용대리마을이 황태마을로 유
명세를 얻었다. 고성군은 해풍 건조한 '고성태'를 상품으로 내
놓기도 했다.

　진주의 간국은 좀 특별하다. 제사를 지내고 남은 재료로
음식을 한 것을 칭한다. 이미 간이 배어 있으니 간간할 것
이다. 특히 생선이나 전은 제사를 지내고나서 시간이 흐르면
뻣뻣해지고 손이 가지 않는다. 며칠 상에 오르다 뒷전으로 밀
려난다. 진주에는 이런 재료를 모아 끓이는 잡탕이 있다. 그
이름을 간국이라고 한다. 혹자들은 '거지탕' '거러지탕' '걸뱅
이탕'이라고도 하며, 수도권에서는 '전찌개'라 부른다. 그 이름
탓에 거지탕이 진짜 거지들이 빌어먹었기에 붙여진 이름이라
하지만 실상은 그렇지 않다. 제사를 지낸 뒤 남은 음식을 거
두어 함께 끓여 먹어서 붙여진 것이다. 이 음식 이름이 싫었
던지 양반가에서는 고상하게 '후렴전탕'이라 부르기도 한다.
진주에 간국을 내놓는 식당이 있다. 생선, 육전, 부침개를 준
비해서 끓인 얼큰하고 짭짤한 국물이 특징이다. 땡초를 넣기
때문이다. '거랭이탕'이 찌개라는 형식으로 통영 지역에도 남
아 있다. 해산물이 싱싱해 진주의 거랭이탕보다 독특한 맛과
풍미를 지닌다. 자반고기로 돔, 조기는 기본이고 동태전과 부
추전 등이 가미된다. 포항에서도 명절이나 제사 때 남은 생선

과 전을 넣어 끓이는 '탕국'이 있다. 재료나 조리 방법은 진주식 간국과 비슷하다.

제주의 간국은 어떨까. 우선, 주로 쓰는 말린 생선은 옥돔과 돌우럭이다. 모두 흰살생선이다. 뭍에서 많이 사용하는 조피볼락(우럭)은 잡히지 않아, 많이 잡히는 돌우럭을 먹었다. 돌우럭은 암초가 많은 제주바다에서 서식하며 '우럭볼락'이다. 유럽에서도 'rock fish'라 부른다. 황해도에서는 우럭이라고 하고, 통영에서는 똥새기, 강원도에서는 우레기라고 부른다. 쏨뱅이류가 그렇듯 등지느러미나 가슴지느러미에 날카로운 가시가 돋아 있고 눈이 체격에 비해 크다. 그래서 'sting fish'라고도 하며, 일본에서는 '메바루'라 부른다. 흰살생선으로, 맑은탕이나 매운탕으로 인기가 좋다. 우럭이 그렇듯이 국물을 내기 좋은 생선이다. 간국으로 제격이다.

제주에서 옥돔이 간국의 재료로 사용되기 시작한 것은 1980년대 옥돔이 흔해지면서다. 옥돔을 제주에서는 '생선'이라 불렀다. 옥돔이야말로 진짜 생선이란 말일까. 또 다른 이름으로 '솔라니'라고 했다. 옥돔은 단맛이 난다고 해서 일본에서는 '아카아마다이'라고 했다. 제주 특산물로, 양념구이, 소금구이, 미역국 그리고 죽을 끓이기도 한다.

탕으로 조리할 때, 옥돔은 미역이나 무를 쓰고 갈치나, 고등

바다, 햇볕, 소금 그리고 손맛과 인심이 더한 맛, 남도의 간국

어, 전갱이는 호박이나 배추를 이용했다. 갈치국에 배추나 호박을 넣는 이유와 마찬가지다. 산후조리에 옥돔을 넣고 끓인 미역국이 으뜸이었다. 생옥돔이 제일 좋지만 철이 있는 생선이라 가을에 잡은 옥돔을 소금을 뿌려 말려놓고 사용했다. 또 집안제사, 마을제사(본향당) 할 것 없이 모든 의례에 반드시 옥돔을 올렸다. 제주 최고의 본향당 송당본향당 의례에서 집집마다 둥근 빙떡, 과일과 함께 꼭 챙겨 올린 것이 옥돔이다. 말린 옥돔을 이용해 간국을 끓이지만 이렇게 제물로 사용한 옥돔들도 사용했다.

제주 간국은 말린 옥돔이나 돌우럭을 넣고 무, 다진 마늘, 국장과 소금으로 간을 해서 조리하는 말린생선국이다. 육지의 간국과 비슷하다. 이때 흰살생선은 해풍에 말리며 옛날에는 별도로 간을 하지 않았다. 소금이 귀한 제주에서 염장은 뭍에서처럼 강하게 하지 않는다. 간은 된장으로 맞췄다. 충청남도 안면읍 모항에서 만난 해녀들과 이야기를 나누다 점심으로 우럭미역국을 먹었던 적이 있다. 제주에서 출가해 그곳 남자를 만나 자리를 잡은 제주 출신이다. 맑은 우럭탕에 미역을 넣는 것이 자연스러웠다.

대구를 이용한 '대구간국'도 있다. 대구 살에 곤이(알), 이리(정소), 간을 준비하고, 냄비에 무를 썰어 두부와 함께 넣고 끓

말린 옥돔은 간국의 재료이기도 하지만 제물로도 사용되었다. 제주 송당본향
당 의례에 쓰인 옥돔.

인다. 소금 간을 하여 한소끔 끓으면 준비한 대구와 알 등 재료를 넣고 다시 끓인다. 마지막으로 다진 마늘, 버섯, 대파 등을 넣는다. 조리법을 보니 대구맑은탕 같다. 서해와 남해에서는 간국이라는 용어와 건어물을 이용한 맑은탕류를 조리한 기록과 역사가 있지만 동해에서는 이를 찾기 어렵다.

간국의 길을 따라 시작하는 여정

수렵·채취·어로는 선사시대 인류가 먹을거리를 얻는 수단이었다. 수렵은 목축업으로, 채취는 농업으로, 어로는 수산업으로 발전했다. 하지만 여전히 생산량의 절반 이상을 선사시대와 같은 방식으로 해결하는 것이 어로다. 우리나라도 그렇다. 동남아시아를 비롯한 일부 국가는 대부분을 '잡는 어업'으로 해결하기도 한다. 바다라는 장소가 갖는 특성이기도 하다.

이러한 어로에 잘 어울리는 바다 음식이 바로 '간국'이다. 지역마다 부르는 이름은 다르지만 가장 기본이 되는 조리 방법이다. 잡은 생선을 말리거나 염장을 하지 않으면 오래 두고 먹을 수 없다. 염장하고 말린 생선은 궁극적으로 젓갈로 변신했다.

전라도에서는 그 대상이 숭어, 조기, 민어 그리고 우럭으로 변해왔다. 어법, 어획량, 서식처의 변화 그리고 양식어업의 발달과 시장성에 따라 바뀌었다. 처음부터 식당의 메뉴로 자리를 잡은 것이 아니다. 바닷가 사람들이 시장에 내고 남은 생선을 갈무리하는 방법이었을 것이다. 또한, 두고 먹기 위한 저장법이기도 했다. 소금을 얻기 힘들거나 비싼 소금을 대체하는 방법으로 선택한 저장법이기도 했다. 그 결과 탄생한 것이 간국이다. 간국의 재료인 말린 생선은 그냥 수분만 뺀 것이 아니다. 그 과정에 육질의 변화가 일어나고 숙성되면서 성분이 바뀌고 맛도 변한다.

서해안에서 조기가 사라지면서 간국으로 주목했던 굴비도 함께 사라져가고 있다. 하지만 맛은 장기기억을 하는 문화 DNA다. 비록 재료는 바뀔지 모르지만 그 원리는 놀랄 만큼 다양한 형태로 전승된다. 세계 곳곳에서 다양한 형태로 전파되고 창조되었고, 지금도 진행 중인 '누들로드'처럼 말이다. 간국의 길을 따라 여행을 이제 시작한다.

바다, 햇볕, 소금 그리고 손맛과 인심이 더한 맛, 남도의 간국

팔색조 대구 따로국밥,
그 뒤안길

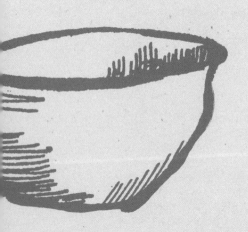

이춘호

대구에서 태어나 한양대 경제학과 박사과정을 수료했다. 2000년부터 대구 향
토사를 연구하면서 자연스럽게 대구 따로국밥과 육개장의 상호관계를 연구
한다. 덕분에 지방의 첫 푸드 스토리텔러가 된다. 지은 책으로 2007년에 나
온 대구의 첫 음식인문학 저서인 《달구벌의 맛과 멋》《경북의 산채를 찾아서》
《대구음식견문록》 등이 있다. 현재 《영남일보》 음식 전문기자이자, 달빛포크
협회 대구 대표와 대구음식문화학교 교장으로 살고 있다

한국 육개장의 종착역, 대구 따로국밥

따로국밥, 육개장, 선지해장국.

이 세 가지 음식의 공통점은 뭘까? 양념도 다르고 담음새
도 다르지만 쇠고기를 주재료로 끓이는 '쇠고깃국'이라는 점
이다. 이들 쇠고깃국은 오로지 소의 살코기와 뼈만으로 끓이
는 설렁탕, 곰탕류와는 달리 고춧가루와 장류醬類, 채소류 등
이 풍성하게 들어간다. 얼큰하고 칼칼하고 화끈하다.

대구의 쇠고깃국

대구는 그 어떤 고장보다 유달리 쇠고깃국이 다양한 형태
로 발전해왔다. 대구의 쇠고깃국은 팔색조처럼 다양한 변용
을 갖고 있어 외지인들을 헷갈리게 만든다. 필자가 조사해본
바로는 10가지 버전 이상을 판매하는 쇠고깃국 전문 식당이
존재하고 있었다. 뿐만 아니라, 집집마다 다른 '가정식 쇠고깃
국'까지 한 흐름을 형성하고 있다.

이처럼 대구는 한국에서 가장 다양한 쇠고깃국을 가진 고장인데, 한때 나는 이런 흐름만 단편적으로 보고 '대구를 한국 육개장의 발상지'라고 서둘러 주장한 적도 있다. 하지만 지금은 그 생각을 버렸다. 전국 각처에 저마다의 육개장이 산재해 있기 때문이다. 대신 나는 대구를 한국 쇠고깃국의 신기원을 이룬 '따로국밥의 발상지'라고 말하고 싶다. 따로국밥을 파고들면 해장국, 육개장, 장터국밥, 탕반의 문화까지 만날 수 있다. 따로국밥은 서울 강남까지 진출했고, 따로국밥의 원조랄 수 있는 대구탕도 서울의 유명 국밥집에서 만날 수 있다.

현재 전국의 유명 버스터미널 근처 식당에서는 여전히 육개장이 잘 팔리고 있다. 제주도는 특이하게 쇠고기가 아니라 돼지고기를 갖고 육개장을 만들고 있다. 사찰에서는 쇠고기 대신 채소류만 사용해 '채개장菜狗醬'을 만들어 먹는다. 채개장은 일명 '스님 육개장'이다. 경주 '향적원'을 운영하는 혜연 스님은 채개장을 특화시켰다.

대구의 쇠고깃국을 분류하면 따로국밥, 육개장, 선지해장국, 이렇게 크게 세 가지다. 그런데 요즘 명칭 문제를 놓고 대구 식당 관계자 간에 갈등을 빚고 있다. 1997년 대구시는 이들 쇠고깃국 전문 식당의 메뉴들을 '대구의 향토음식 따로국밥'으로 통칭해버렸다. 그때부터 따로국밥은 대구10미(따로국밥, 동인동찜갈비, 납작만두, 뭉티기, 막·곱창, 누름국수, 복불고기, 야키우동, 논메기매운탕, 무침회)의 맏형 격으로 사랑받게 되었다. 그런데 최근 대구시가 대구 따로국밥 대신 '대구 육개장'이라는 명칭을 사용하기 시작한 것이다. 따로국밥의 원조인 '국일식당' 측은 강력하게 반발한다. "우리 집 국은 육개장이 아니라 대구에 와야만 먹을 수 있는 따로국밥"이라고 주장한 것이다. '옛집육개장'과 '벙글벙글' 역시 "우리의 국은 따로국밥이 아니라 대구식 육개장"이라고 따로국밥과 선을 그었다.

나는 대구시와 식당들로부터 중재 요청을 받았다. 이참에 대구에 산재한 쇠고깃국의 족보, 그 연대기를 새롭게 정리할 필요가 있겠다 싶었다. 이 글은 그 연장선상에 서 있다.

대구 따로국밥과 대구식 육개장의 원류를 찾아서

대구 따로국밥과 대구식 육개장은 그 출발이 조금씩 다르다. 대구 따로국밥은 장터, 주막, 술국집 등에서 유행한, 사골 육수, 선지, 우거지, 콩나물, 토란대 등을 주재료로 만든 해장국의 전통을 기본으로 해서 형성된 음식이다. 해장국을 베이스로 하면서 거기에 '대구탕반'에서 파생된 '대구탕大邱湯'을 혼합한 스타일이다. 서울에서 먹을 수 있는 표준 육개장과는 조금 거리가 있는 대구식 해장국의 독특한 형태라 보면 된다.

반면, 대구식 육개장은 해장국 스타일과는 상당히 거리가 있다. 우거지나 시래기가 들어가는 해장국과는 달리, 대파와 무를 많이 사용해 끓이는 게 특징이다. 특히 무보다 대파를 더 많이 사용하기 때문에 담백하고 감칠맛이 강하다. 대구식 육개장도 대구탕의 변형태라고 보면 될 것이다.

대구 따로국밥은 해장국과 대구탕을 혼합한 스타일이고, 대구식 육개장은 대구탕의 변형이다. 둘 모두 대구탕반에서 파생된, 일명 대구탕과 관계가 있다. 이 대구탕의 정체를 먼저 확인하자.

1926년 5월 14일자《동아일보》기사 중 한 대목이다.

서울 공평동에도 '대구탕반'이란 음식을 판매하는 식당이 있다. 그런데 이상한 점은 그 식당의 점주가 전라남도 장성 출신이라는 사실. 당연히 대구탕반을 전문으로 판매하는 식당이면 점주 역시 대구 출신이어야 함이 마땅할 터이지만, 복잡한 사정으로 인해 그런 일이 생겼다. 당시 33세였던 송성언이라는 점주는 본래 사기꾼이었다. 목포의 지주에게 벼 400석을 팔아주겠다고 하고서 그 판돈 8천원을 챙겨서 서울로 와서 대구탕반집을 구입하였다. 아마도 대구탕반집을 운영하고 있으면 그 정체가 쉽게 탄로 나지 않을 것이라 믿었겠지만, 그것을 이상하게 여긴 손님들의 신고로 붙잡히는 신세가 되고 말았다.

여기서 확인할 수 있는 것은 '대구탕반'이 대구 고유의 음식임을 당연시한다는 것이다. 그러나 그 음식이 지금과 같은 얼큰하고 화끈한 육개장 스타일인지, 우거지, 시래기, 선지 등이 총출동한 해장국 스타일인지는 확인할 길이 없다. 다행히 다음 자료를 보면 대구탕반이 '육개장 스타일'임을 알 수 있다. 1929년 12월 1일자 종합잡지《별건곤》에 '달성인'이라는 익명의 필자가 적은 〈대구의 자랑 대구탕반〉이라는 기사에 이런 대목이 나온다.

대구탕반은 본명이 육개장이다. 대체로 개고기를 한 별미로, 보신지재補身之材로 좋아하는 것이 일부 조선 사람들의 통성이지만, 특히 남도지방 시골에서는 '사돈양반이 오시면 개를 잡는다'고, 개장이 여간 큰 대접이 아니다. 이 개장은 기호성과 개고기를 먹지 못하는 사람들의 사정까지 살피고 또는 요사이 점점 개가 귀해지는 기미를 엿보아서 생겨난 것이 곧 육개장이니 간단하게 말하자면 쇠고기로 개장처럼 만든 것인데 시방은 큰 발전을 하여 본토인 대구에서 서울까지 진출을 하였다.

대구식 육개장이 서울식 육개장과 충돌했겠구나 하는 걸 가늠케 해주는 대목이다.

《조선왕조실록》을 검색해도 '육개장'이라는 항목은 보이지 않는다. 육개장과 관련된 단어는 1896년에 쓰인 《규곤요람》(연세대 소장본)에 처음 등장한다. 그 책에는 육탕법의 일종으로 '육개경'이 소개돼 있다. 육개장이 아니라 육개경으로 표기된 게 흥미롭다.

> 고기를 썰어 장을 풀어 물을 많이 붓고 끓이되 썰어 넣은 고깃점이 푹 익어 풀리도록 끓인다. 잎을 썰지 않은 파를 그대로 넣고 기름 치고 후춧가루를 넣는다.

반면, 《별건곤》은 대구탕반 조리법을 이렇게 정리했다.

> 서 말지기 가마에다 고기를 많이 넣고 곰 고듯 푹신 고아서 우러난 물로 국을 끓이는데 고춧가루와 소기름을 흠뻑 많이 넣는다.

이성우 교수의 《한국요리문화사》(교문사, 1999)에 대구탕과 육개장의 관계를 엿볼 수 있는 구절이 있다. "약간 변형된 대구식 육개장이 상경해서 서울의 식적에 오르면서 '대구탕'이 라 불리었다. 대구탕은 서울식 육개장처럼 고기를 잘게 찢어서 넣는 것이 아니고 고기 덩어리를 그대로 푹 삶아 고기의 결이 풀릴 정도로 익히는 것으로 보다 푸짐하다."

이 대목은 서울식과 대구식 육개장이 어떻게 다른지 단적으로 보여준다. 서울식은 쇠고기를 결대로 찢어 넣고, 대구식은 현재 대구의 여느 육개장집처럼 고기를 찢지 않고 뭉텅뭉텅 썰어 넣는 형태라는 걸 알 수 있다. 식재료의 문제라기보다 사용한 고기를 어떻게 저미는가에 따라 서울식과 대구식 육개장으로 나뉘는 것이다.

이후 대구탕은 대중화되지 않고 슬그머니 사라진다. 지금은 대구에서도 대구탕의 존재감이 전혀 없다. 우리나라 최초의 맛 칼럼니스트로 불리는 홍승면(1927~1983)이 1976년부터 1983년까지 쓴 칼럼을 모아 엮은 《백미백상百味百想》에는 "육개장과 비슷했던 대구탕大邱湯은 지금 어디로 갔는지 육개장에 자리를 양보하고 은퇴한 것인가. 지금 서울 거리에는 대구식 따로국밥이 퍼지고 있다."라고 나온다. 대구탕의 흐름을 받은 서울 지역의 식당 중 대표 격은 1937년 생긴 중구 을지로 3가의 '조선옥'이다. 여기에서는 지금도 육개장을 '대구탕'으로 판다. 자료처럼 고기는 결대로 찢지 않고 뭉텅뭉텅 썰어

따로국밥은 일반 육개장과 달리 사골 육수를 베이스로 하고, 반드시 선지를 넣는 게 특징이다. 또한, 콩팥기름으로 장만한 고추기름, 그리고 무보다 대파를 더 많이 넣어 끓여야 제맛이 난다.

넣는다. 단지 소 양깃을 넣는 게 대구와 다른 점이다.

일본으로 건너간 대구탕

한편, 대구탕 전통은 일본으로도 흘러들어갔다. 일본 고베에서 전통 대구탕 전문점을 경영하는 일본 교포를 2012년쯤 대구에서 만나 인터뷰한 적이 있다. 당시 75세의 이종수 씨. 그는 경북 고령군 덕곡면 반성리 출신으로 대구상고 1학년 때 더 많은 공부를 하기 위해 큰아버지가 있는 일본 도쿄로 건너갔다. 도쿄의 '명성원'에 들어가 거기서 '일본식 육개장' 조리법을 틈틈이 배우게 된다. 이때 매운 한국식 육개장과 달달한 일본식 육개장을 절충해나갔다. 아들이 없는 명성원 주인은 성실한 그를 양아들로 잡으려 했지만, 그는 거기서 배운 음식 솜씨로 독립해 48년 전 고베시 나가타에 대구탕집 '마루야카 주엔'을 열었다. 물론 교포를 대상으로 시작한 것인데 이제는 꽤나 유명해졌다. 홋카이도, 규슈에서도 택배 주문이 올 정도로 고베의 명물이 됐다.

나는 그에게 대구탕의 유래에 대해 알려주었다. 그는 처음 듣는 얘기라면서 비상한 관심을 보였다. 당시 고향에는 아직 94세 된 노모가 살고 있다고 했다. 어릴 적 그 노모가 끓여준 경상도 육개장 맛을 기억하고 있다. 그래서 그가 마루야카를

개업할 때 고향을 생각한다는 의미와 교포에게 한국식 쇠고 깃국의 추억을 선물한다는 의미를 담아 대구탕大邱湯이라는 메뉴를 내걸었다. 메뉴판에는 가타카나로 'テクタン'를 병기해 놓았다.

그의 대구탕에는 양지머리와 같은 정육이 들어가지 않고, 쇠꼬리를 식재료로 사용하는 게 흥미로웠다. 이 씨는 쇠꼬리를 이용하는 이유에 대해 대답했다. "쇠꼬리 하나를 시장에서 사 올 때 500엔 정도 준다. 약 20인분 잘라 사용할 수 있는데 뿌연 육즙을 만드는 사골과 달리 아주 맑고 담백한 맛을 내기 때문에 정육 대신 쇠꼬리를 사용하고 있다." 채소류의 경우 대구에서는 무, 대파, 마늘이 축을 이루는데, 그는 콩나물, 젠마이(고사리), 이 밖에 파와 마늘을 넣었다. 그런데 우리에게는 너무나 익숙한 무는 없었다. 양념은 미소된장, 고춧가루, 간장을 베이스로 했는데, 누린내를 제거하기 위해 조리용 술인 미림을 넣은 데다 설탕까지 들어가 단맛이 강해졌다. 또한, 고춧가루도 우리처럼 매콤한 마른 홍고추가 아니라 일본 고춧가루를 사용했다. 얼핏 보기에, 토장국에 꼬리곰탕을 섞은 스타일로 보였다. 모르긴 해도 일본인의 입맛까지 겨냥해 매콤한 것보다는 시원하고 감칠맛 나는 국으로 변주한 것 같다. 그는 청양고추 맛이 스며들면 상당수 일본인이 먹지 못한다고 했다.

마루야카 대구탕은 대구식 육개장보다 더 뻑뻑하다. 대구의 '대덕식당' 선지해장국 스타일에 가까웠다. 초창기에는 일본인과 한국인 비율이 7 대 3이었는데 이젠 맛이 인정돼 일본인이 더 많이 온다. 고베시에만 이런 스타일의 대구탕 집이 몇개 더 있단다. 그의 가업은 장남 이규석 씨가 이어받았다.

육개장과 개장의 함수관계

육당 최남선이 쓴《조선상식문답朝鮮常識問答》(1946)에는 육개장을 "개고기가 맞지 않는 사람을 위해 쇠고기로 개장국비슷하게 끓인 것"이라 소개하고 있다.

육개장의 출발은 '개장狗醬'이다. 어른들은 '개장국'이라했다. 복날 품귀 현상에 개를 사용할 수 없어 쇠고기를 대신사용하면 육개장, 닭고기를 사용하면 '닭개장'이 된다. 대구에서 유행하는 닭개장은 살점을 결대로 찢어 사용하기 때문에외형만 보면 서울식 육개장과 유사하다. 삶은 개고기는 결대로 잘 찢긴다. 쇠고기 중에서 가장 결대로 잘 찢기는 부위는바로 사태살이다. 서울식 육개장은 양지머리보다 사태살을많이 사용하지만, 대구식 육개장은 결대로 찢지 않기 때문에양지머리를 주재료로 사용한다.

육개장은 일명 '대구탕代狗湯'으로도 불렸다. '개狗 대신代한 탕'이라는 뜻이다. 일제강점기 대구에서는 육개장보다 대구탕 이라는 명칭이 더 많이 사용됐다. 당시 대구에는 세 가지 대 구탕, 즉 大邱湯, 代狗湯, 大口湯이 존재했다.

그렇다면, 당시의 육개장 레시피는 어땠을까?

1939년 7월 8일자 《동아일보》에 한식연구가 조자호는 한 칼럼에서 육개장 끓이는 법을 다음과 같이 설명했다.

고기는 삶은 후, 반드시 손으로 찢고 양(내장)은 칼로 썬다. 대 파를 많이 사용한다. 고기와 고춧가루, 고추장으로 양념한 채소 를 버무려 다시 한소끔 끓여서 낸다. 한 번 삶아낸 밀국수를 넣 어서 먹으면 맛이 희한하다.

이 레시피를 최근의 서울식 육개장 레시피와 비교해보자. 1985년에 나온 여성지 《주부생활》에 소개된 육개장 레시 피다.

양지머리와 사태를 소양 등과 함께 푹 삶아서 건져내고 국물 은 식혀 기름을 걷어낸다. 건져낸 고기는 결대로 찢거나 칼로 썰 고 소양도 저민다. 이 고기와 소양을 진간장, 다진 파와 마늘, 참기름, 깨소금, 후춧가루 등으로 양념한다. 한편, 고춧가루에 참기름을 끓여 넣어 잘 개어놓고 파를 데쳐놓는다. 이들을 끓어오르는 장국에 넣어 한소끔 끓여낸다.

흥미로운 건 이 서울식 육개장이 서울 강남터미널, 서울역 앞 식당가의 육개장과는 좀 다른 버전이라는 점이다. 다중이용시설 공간에 노출된 육개장에는 정말 다양한 식재료가 총출동한다. 심지어 당면, 달걀, 후춧가루 등이 들어간다. 언뜻 유부 등이 들어간 서울식 추어탕과 비슷해 보인다. 초창기 육개장에는 당면이 들어가지 않았다. 1970~80년대 이촌향도가 본격화되면서 서울로 몰려든 지방민이 급증하였다. 특히 전라도 사람들이 식당가에 많이 포진했는데, 이때 서울식 육개장도 여러 버전으로 변형된다.

안국동, 북촌마을 등 서울 반가에서는 고추기름 짙은 육개장 대신 맑은 쇠고깃국을 즐긴다. 이들은 고춧가루가 들어가지 않은 심심한 고려(개성)음식에 익숙하다. 간이 센 걸 무척 싫어한다. 가정식 쇠고깃국도 그렇게 끓였다. 서울 반가 쇠고깃국은 깍둑 썬 무, 고춧가루 대신 후춧가루를 넣는다. 고기는 육개장처럼 결대로 찢지 않고 그냥 뭉텅 써는데 대구식보다 작은 게 특징이다. 흡사 안동 헛제사밥 필수 메뉴인 탕국처럼 보인다. 서울의 경우 식당가의 육개장과 가정식 쇠고기깃국은 전혀 다른 음식이었다.

소설가 김동리는 살아생전 고향의 대구탕에 대해 큰 자부심을 갖고 이런저런 자리에서 자랑을 했다. 그는 "대구탕에는 파, 부추, 마늘 등을 엄청나게 많이 넣는 게 한 특징"이라 했다. 다른 자료에서는 대구탕 양념으로 마늘을 많이 사용한다는 대목이 보이지 않았다. 그가 마늘 얘기를 하면서 대구탕의 윤곽은 더욱 구체화된다.

김동리의 말처럼 대구식 육개장은 마늘의 힘을 많이 빌린다. 하지만 서울식 육개장은 상대적으로 마늘 향이 덜하다.

탕반과 해장국문화

이제 대구 따로국밥 얘기를 해보자. 따로와 국밥은 물과 기름처럼 섞여서는 곤란한 단어다. 따로는 '국 따로 밥 따로'를 뜻한다. 그런데 따로국밥이라니? 국밥이란 국에 만 밥을 뜻하는 게 아닌가. 원래 '대구따로'라고 해야 정확하다. 초창기에는 그냥 '따로'라고만 했다. 그런데 뒤에 '따로국밥'으로 이름이 바뀌었다. 이렇게 따로국밥은 대구식 선지육개장의 상징이 돼버렸다.

국밥은 탕반湯飯의 연장선상에 있다. 탕반은 일명 '장국밥'

으로도 불렸다. 그건 국에 밥을 만 형태다. 식은 밥을 가마솥 뜨거운 국물로 여러 번 토렴한 뒤 갖은 고명을 올려주는 형태다.

탕반을 구체적으로 설명한 자료는 1800년대 말엽 《규곤요람》과 《시의전서》 정도다. 《규곤요람》은 "장국밥은 국수 마는 것과 같은데 밥을 마는 것이다. 밥 위에다 기름진 고기를 장에 조려서 그 장물을 붓는다."라고 설명했다. 윤서석이라는 학자는 "양지머리 국물에 쇠고기볶음과 고기산적을 얹어 만 것이 탕반"이라고 설명했다.

전통 있는 탕반으로는 서울 무교탕반, 함경도 가리국밥, 안성의 장국밥 등이 있으며, 심지어 대구의 김치밥국으로 불리는 '갱시기'도 탕반의 연장선상에 있다. 이와 함께 경주의 대표 해장국으로 불리는 묵채를 베이스로 한 팔우정 해장국도 탕반이다. 대구 탕반도 원래는 국과 밥을 따로 놓은 형태가 아니라 국에 밥을 만 국밥 형태였다. 후발주자로 등장한 '온천골 국밥'은 경북 경산, 청도, 영천 등지에서 유행하던 잔치국밥인데, 일제강점기에도 유행했고 토박이들은 그걸 '장터국밥'으로 불렀다. 그 국밥의 주인공은 경산 자인 출신의 황군자 할매다. 그의 부모는 인근 대소사, 봄가을 운동회 때 가마솥을 걸고 국을 끓여 팔았다. 이때는 국 따로 밥 따로가 아니고 국밥 형태였다. 이들도 자기 국을 따로국밥에 포함시키는 걸 거부한다. 바로 이러한 탕반에서 한국 해장국이 출발했다고도 할 수 있다.

사실 해장국문화는 더 거슬러 올라간다. 여말선초에 쓰인 중국어회화교본인 《노걸대》에 '성주탕醒酒湯'이 소개돼 있다. "육즙에 정육을 잘게 썰어 국수와 함께 넣고 천초가루와 파를 넣는다."라고 설명해놓았다. 이러한 형태가 토장국 형태의, 주막 해장국으로 발전해왔다. 《해동죽지》에는 '효종갱曉鍾羹'이라는 해장국도 나온다. "배추속대, 콩나물, 송이, 표고, 쇠갈비, 해삼, 전복 등을 토장에 섞어 종일토록 푹 곤다. 밤에 이 국 항아리를 솜에 싸서 서울에 보내면 새벽종이 울릴 때 재상집에 이른다. 국 항아리가 아직 따뜻하고 해장에 더없이 좋다."라고 적혀 있다.

국일식당과 대구 따로국밥

탕반이 유독 대구에서만 '국 따로, 밥 따로'의 형태가 된 사연을 더듬어보자.

1601년 대구에 경상감영이 세워진다. 그 남쪽 정문인 영남

제일관 앞에는 새벽부터 읍성으로 들어가려는 사람들을 위한 해장국촌이 형성됐다. 지금처럼 고춧가루가 들어간 얼큰하고 화끈한 스타일은 아니었다. 토장을 풀어 끓인 장국밥 형태로 내는 주막도 있었고, 돼지국밥류도 있었다. 간편하게 상을 차려내야 하기 때문에, 가마솥에 펄펄 끓고 있는 국물로 밥을 토렴해 뚝배기에 담아냈다.

이러한 해장국들과 대구식 개장국(보신탕)이 섞이게 된다. 그 연장선상에 있는 게 바로 원대동 '대원식당'과 고성동 '진국닭개장' 등이다. 1950년대만 해도 삼복 때는 따로국밥보다 개장국이 강세였다. 점차 개장국은 별식으로 물러나고, 따로국밥이 대구식 쇠고깃국의 왕좌를 차지하게 된다.

국일 따로국밥 태동비사

대구식 육개장, 아니 엄밀하게 말하자면 대구식 선지육개장의 단초를 제공한 대구 따로국밥의 진앙지는 '국일식당'. 국일 따로국밥은, 쇠머리국밥에서 사골 육수를 얻고 서울 청진옥 같은 선지해장국 스타일에서 선지를 발탁하고 일제강점기부터 대구에서 붐을 일으키기 시작한 육개장 스타일의 대구탕에서 대파와 무를 차출해, 해장국 스타일의 새로운 쇠고깃국을 유행시킨다. 그걸 토박이들이 '따로국밥'이라 했다. 국일

여러 차례 이전한 끝에 현재 자리로 온 국일 따로국밥의 주방 전경.

을 필두로 교동, 대구, 한우장, 한일 등이 따로국밥 식당으로 줄을 잇는다. 예전 주당들은 그걸로 속풀이를 했다.

일명 '해장국 같은 육개장'으로 불린 대구 따로국밥은 소피(선지)와 양지머리, 사골을 끓여 만든 육수, 파와 무, 그리고 고추기름이 가미돼 다른 도시의 국밥보다 더 얼큰하고 화끈하다. 하지만 다른 잡다한 부재료를 많이 넣지 않는 게 특징이다. 상당히 깔끔하다. 당연히 고사리와 달걀까지 가미된 서울식 육개장과는 엄격하게 구별된다. 따로국밥은 파와 무만으로 끓이기 때문에 일견 육개장처럼 보이기도 한다. 사골 육수와 선지를 사용하기 때문에 일견 장터국밥과 해장국의 특징도 스며들어 있다. 그래서 지역민들도 이게 육개장인지 해장국인지 장터국밥인지 헷갈려 한다. 이런 특징 때문에 대구에서 따로국밥 명칭 시비가 일어난 것이다.

대구 따로국밥은 대구만의 독자적인 식문화의 산물이라고 보기 힘들다. 한국전쟁이라는 특수한 환경 아래 장터국밥문화, 해장국문화, 탕반문화, 육개장문화가 하나로 뭉쳐지는 과정에서 파생된 것이다. 한국 해장국문화와 육개장문화가 충돌해 만들어진 신개념 쇠고깃국이랄 수 있다.

국일식당의 시작

국일의 가업은 1대 서동술(1969년 작고)·김이순(1975년 작고) 부부한테서 7남 봉준(1981년 작고)·최영자 부부로 이어진다. 1998년부터는 창업자의 손자 경덕·경수 형제에게로 체계적으로 이어지고 있다. 1대 서씨 할아버지는 구미시 해평면 출신으로 남구 성당못 근처에 살다가 일본으로 건너가 광복 직후 고향에 왔지만, 먹고살 길이 막막해 1946년 한일극장 옆 공터 나무 시장에서 나무를 팔면서 입에 풀칠을 했다. 김씨 할머니는 식성이 까다로운 남편을 위해 직접 나무 시장까지 와서 점심을 해주고 갔다. 추운 겨울에는 국밥을 잘 끓였는데, 정 많은 노부부는 국 냄새를 맡고 곁으로 몰려드는 나무꾼들을 외면하지 못하고 국을 좀 더 끓여줬다. 서씨의 권유에 김씨 할머니는 부창부수夫唱婦隨로 국을 팔기로 작정한다. '구루마' 한쪽에 국거리가 담긴 작은 무쇠솥을 싣고 집과 나무 시장 사이를 왕래하였다. 국일의 출발은 그토록 허름했다.

국일이 처음 태동한 한일극장 옆 공터는 '음터'로 불린다. 공터 왼편 수백 년 된 회나무가 유명했는데, 경상감영 시절에는 교수대로 활용돼 '흉목凶木'으로 터부시됐다. 회나무는 한국전쟁 직전 군정청에 의해 베어졌다. 앞서 봤듯이 1940년대 국일은 번듯한 식당이 아니었다. 간판도 없었다. 단골에게는

대구 따로국밥을 탄생시킨 국일식당의 창업자 서동술·김이순
노부부.

그냥 '성당동 할매, 서씨 할배집'으로 통했다. 지금 같은 개별 의자는 생각도 할 수 없었다. 그냥 돌멩이 두 개 위에 송판을 놓고 여러 명이 함께 앉도록 했다. 방 두 개가 있었고, 마당에는 늘 가마솥이 두 개 놓여 있었다. 서씨 할아버지는 고령군 다산면에서 올라온 따로국밥용 '다끼파'를 서문시장에서 사와 틈날 때마다 다듬었다.

1947년쯤 칠성동에 대성연탄 저탄장이 생겼다. 장작보다 훨씬 화력이 좋은 연탄은 국밥집에서 각광을 받는다. 몰래 저탄장에서 훔쳐온 석탄 가루는 찰흙, 폐유 등과 뒤섞여, 음반으로 말하면 해적판 같은 '야미闇연탄'이라는 이름으로 식당가에 불법유통되었다. 국일 바로 옆에 남일동 사창가(현재 미도백화점 자리)가 형성돼 있었는데 아침이면 해장 손님을 위해 직접 냄비를 들고 국을 사러 온 홍등가의 여인들도 있었다는 일화도 전해진다.

국일 따로국밥은 6. 25의 히트작이다

1950년 한국전쟁이 발발했다. 대구에는 타지 피란민이 들끓기 시작하고 전시 특수를 노린 상인들의 행보가 빨라졌다. 국립극장으로 변한 한일극장에는 연일 유랑극단 배우들로 들끓었다. 국일도 덩달아 호황을 누렸다. 황금심, 남인수, 허

장강, 구봉서, 배삼룡 등 악극 배우들도 거의 매일 국일을 찾았다. 여름철에는 주로 교동시장 내 '강산면옥' '부산 안면옥' 등으로 갔지만, 겨울에는 국밥집만 한 곳이 없었다. 사실 나무꾼만 찾았던 1940년대에는 국에 밥을 만 국밥 단일 메뉴가 문제될 게 없었다. 그런데 각계각층 피란민이 손님이 되면서 예상치 못한 문제가 발생했다.

식성 까다로운 여성 배우들이 국밥에 유달리 알레르기 반응을 일으켰다. 주문할 때도 "할머니, 전 국하고 밥하고 진짜 따로 주세요."라고 특별 주문해 남성 배우들로부터 핀잔을 먹기도 했다. 가끔 갓 쓴 지체 높은 양반 때문에 낭패를 당하기도 했다. 조선시대 양반들은 절대 국에 말을 말아 먹지 않는다. 전쟁 상황이라고 해서 식사법이 달라지지 않는다.

"이게 상놈이나 먹는 국이지."

그런 소릴 듣고 나면 노부부는 맥이 풀렸다. 김씨 할머니도 더 긴장했다. 실수를 안 하기 위해 손님들이 들어오면 늘 따로 여부를 확인했다. 잡기장에 따로만 먹는 손님 이름도 별도로 적어뒀다. 대구로 온 피란민 사이에 그 국밥이 점차 '국일 따로'로 공인된다. 결국 국일은 피란민들 때문에 국과 밥이 분리된 '따로'라는 유별스러운 메뉴를 국내에서 처음으로 만들게 된다. 당시 벽에도 '따로'란 메뉴가 적힌 쪽지를 붙여놓았다.

그런데 이런 질문도 할 수 있다. 부산도 피란지인데 왜 하필이면 대구만 따로인가? 그건 당시 부산 국제시장 인기 음식이 돼지국밥이었던 탓이다. 돼지국밥은 국과 밥을 따로 내면 맛이 별로다. 당연히 국과 밥이 한데 섞여 있어야 했기 때문에 '따로 소동'이 터질 리가 없었다. 하지만 초창기 국일의 국밥은 해장국과 육개장의 경계에 서 있었다. 선지가 핵심 식재료로 등장했고 그게 있어 밥을 말아 국밥 형태로 내면 맛도 괜찮았다. 여느 쇠고깃국 같았으면 밥을 말아 내면 식감이 떨어질 수밖에 없었다. 하지만 국일 따로국밥은 밥을 말아 내도 무방했다.

피란민들이 하나둘 상경하였다. 국일도 비좁은 한일극장 옆 나무 시장 시절을 청산하고 현재 흥국생명 자리로 이전하였다. 그때 서씨 할아버지도 어엿한 식당 주인으로 처신한다. 국일은 1965년부터 정식으로 간판을 달았다. 금복주가 그해 4월 1일부터 시내 보신탕집, 유명 식당 등에 홍보 차원으로 간판 달아주기 판촉전을 전개했기 때문이다. 금복주가 국일을 그냥 놔둘 리 없었다. 서씨 할아버지는 '나라에서 제일 맛좋은 국밥집'이라는 뜻으로 '국일國一'을 상호로 정했다. 이때 금복주 측의 요청에 따라 맨 왼편에 붉은 페인트로 금복주, 맨 오른편에는 복영감 마크가 들어간 함석 간판을 달게 되었다. 이 무렵 금복주 간판 제작은 대구시 중구 동문동 동인 네거리 근처 백마사 정규환 사장이 도맡았다.

국일은 대구은행 중앙로 지점 서편 홍국생명 자리(단층 슬레이트조, 크기는 150여 평, 8개 방에 홀 갖춤)에서 10년 머물다가, 1973년 홍국생명이 대구 사옥을 짓자 골목 안 현재 '한일따로'가 있는 건물에서 약 30여 년간 영업을 하다가, 20여 년 전 지금 자리로 이전하였다. 전성기 시절 웃지 못할 일도 빈발했다. 통행금지 해제 30분 전에 문을 두드리는 간 큰 사람이 있었다. 통금 단속 경찰들이었다. 첫 국을 맛보기 위해 야근을 끝낸 중부경찰서 경찰과 경찰 출입기자 등도 가세했다. 그들로서는 특권 아닌 특권이었다. 자연스럽게 국일은 다른 곳보다 약 30분 먼저 통금이 해제될 수밖에 없었다. 그 시절 국일은 한마디로 술꾼들의 '해장터'였다.

1993년 대구시가 '따로국밥 브랜드 만들기'에 나섰다. 그 일환으로 '국일' '벙글벙글' '대덕' '교동' '대구' '한우장' 등이 대표 따로국밥집으로 지정되었다. 그런데 막상 외지인들이 "따로국밥이 뭐냐?"라고 물으면 "국 따로, 밥 따로라서 따로국밥이 되었다."라고 대답하는 게 전부였다. 당시만 해도 대구 따로국밥과 대구 육개장을 다른 음식으로 인식하지도 못했다.

2005년 4월 발족된 대경음식포럼. 대구에서는 처음으로 따로국밥 원형 찾기에 나섰다. 그해 1월 현장에서 잔뼈가 굵은 따로국밥 전문가인 구동운, 최수학 씨를 초청해 시연·시식회를 가졌다. 두 사람은 같은 해 6월에 개최된 대구음식박람회 때도 따로국밥을 만들었다. 주재료는 사골, 잡뼈, 청장, 콩팥기름, 고춧가루, 소피, 대파, 무. 그중 대구 따로국밥에서 무엇보다 중요한 재료는 바로 대파다.

따로국밥의 핵심, 다끼파

따로국밥이 오늘까지 전국적 명성을 얻을 수 있도록 산파역을 한 것은 바로 대파. 그중에서도 달성군이 품고 있는 사문진나루터와 맞물린 화원유원지의 명물 '다끼파'였다.

식품사학자들은 다끼파를 대구 따로국밥 맛의 제1원천이라고 분석한다. 외지 요리연구가들은 대구에 유통되는 쇠고깃국에서 가장 비중을 많이 차지하는 식재료가 대파란 점을 흥미롭게 여긴다.

국에 넣는 파는 대파다. 쪽파는 국에 넣어도 맛을 내지 못한다. 대파는 사질토에서 잘 자란다. 부산의 사하구 낙동강

하구 쪽 을숙도, 명지 등과 같은 데서 다양한 파가 생산됐다. 그중 다끼파가 가장 왕성하게 자랐던 곳은 사문진 나루터 언저리 강변 사질토 파밭이었다. 행정구획상으로는 고령에 속하는 다산면 호촌2리였다.

사문진교는 호촌리와 달성권 화원읍 성산리를 하나로 이어준다. 호촌리와 성산리는 둘이 아니었다. 나문진 나룻배에 의해 한 몸으로 묶여 다녔다. 비록 달성군과 고령군의 경계에 놓여 있지만 실은 한 생활권이었다. 다산면과 인근의 학생들은 호촌리 나루터에서 배를 타고 화원읍 화원고교로 등교했다.

화원유원지의 전망 포인트인 상화대에 서면 낙동강과 비슬산, 팔공산의 위용이 한눈에 들어온다. 사문진교 서편으로 광활한 들판이 펼쳐져 있다. 반세기 전만 해도 대구 사람들이 먹는 대부분의 파를 공급했던 '다끼파' 주산지다. 이젠 나이 든 그곳 주민 말고는 다끼파를 잘 모른다. 반세기 전 건너편 사문진 나루터에서는 매일 오전 파 시장이 섰다. 마치 어촌에서 열리는 생선 시장인 '파시波市'와 비슷했다. 대파를 위한 시장이니 총시蔥市라고 해야 할까.

다끼파는 일본산일까, 한국산일까

다끼파 다끼파 하지만, 이것은 품종의 이름이 아니다. 사문진나루터 언저리 파밭에서 생산되는 파를 다끼파라고 부를 뿐이다. 그러면 '다끼'란 무슨 뜻일까?

다끼파 정체를 밝히기 위해 호촌2리를 찾아갔다. 호촌2리 노인들은 대부분 예전에 다끼파 농사를 지은 경험이 있다. 물론 그때 사정을 훤히 알고 있다. 먼저 호촌2리 이장을 지낸 박주덕 씨를 만났다.

"다끼라는 지명은 저울과 밀접한 관계가 있습니다. 출하기가 되면 이 마을 사람들 모두 크고 작은 저울을 들고 다녔고 '(저울로) 파를 달기'할 때의 '달기'가 다끼로 음운이 변이된 것으로 알고 있습니다."

그럼 그 파는 과연 한국산일까, 일본산일까? 취재 과정에서 흥미로운 이야기를 들었다. 창업 200여 년을 맞은 일본의 대표적 종묘회사 상호 중에 '다키이龍井'가 있다. ㈜다키이는 자기가 개발한 파를 1910년쯤 한국으로 수출해 짭짤한 수익을 올렸다. 여기서 한 가지 설이 제기됐다. 이 파는 원래 한국 토종인데 일본의 육종학자가 몰래 그 파의 씨앗을 받아 일본 본토에서 육종해 한국에 되팔았다는 것이다. 일제강점기였기에 가능한 논리라 볼 수 있다. 하지만 한국 역시 파의 종주국이 아니다. 중국에서 들어온 것이다.

다끼파의 특징

다끼파는 뿌리 중심의 파다. 대구식 육개장도 뿌리 부분을 중점적으로 활용했다. 지금처럼 벌겋고 얼큰한 육개장이 가능하려면 파의 이파리는 안 되고, 반드시 뿌리가 들어가야만 된다는 것이 그 시절 요리사의 믿음이었다.

그전에는 파의 이파리를 쓰는 걸 선호했다. 그런데 대파의 허연 뿌리와 줄기 부분이 육수의 누린내를 없애주고 국 맛을 더욱 깊고 깔끔하게 만들어준다는 걸 깨닫게 된다. 점차 대파가 잎파를 밀어내기 시작했다. 중국과 시베리아에서 유입된 조선파는 19세기까지만 해도 잎만 먹는 잎파와 전체를 먹는 쪽파 두 종밖에 없었다. 대파는 일제강점기 초반에 도입되었다. 따로국밥에는 잎파보다 대파가 들어가야 맛을 제대로 낼 수 있다. 당시 다끼파는 요즘 파처럼 길지 않았다. 1년에 두 번 팔려나갔는데 2~3월에는 푸른 잎만 잘라 팔고, 따로국밥용 올파는 늦가을부터 초겨울까지 팔았는데 길이는 한 자쯤 된다. 굵기는 어른 엄지손가락 정도.

다끼파의 뿌리 부분은 자줏빛이 감돈다. 겉대를 정리할 때면 파 향이 워낙 독해 모두 눈물을 줄줄 흘린다. 다끼파는 약 20개 한 묶음으로 팔려나갔는데, 질겨 먹기 곤란한 시든 잎은 버리지 않고 단을 만들 때 완충제로 이용했다.

주민들은 지게와 리어카, 달구지에 파를 싣고 반고개를 넘어 서문시장까지 물건을 팔러 다녔다. 광복 직후 호촌2리에는 40여 가구가 살았는데 모두 파를 재배했다. 사문진나루터는 다끼파 출하 시기가 되면 '파 나루'로 둔갑했다. 하지만 1972년 다끼파도 된서리를 맞는다. 경지 정리가 시작된 것이다. 그리고 먹거리가 점차 다양해지면서 국밥류에 집중됐던 사람들의 입맛도 다양해졌다. 탈국밥시대가 오자 다끼파 수요량도 예전만 못하게 되었다. 다끼파 특수도 옛말이다. 대파의 공급처도 다양해졌다. 1970년 경부고속도로 개통으로 전국 각처의 파가 대구 서문·칠성·원대시장, 지금은 북구 매천동 농수산물도매시장 등으로 집중된다.

파 아저씨

국일 따로국밥과 평생을 동고동락해온 파 다듬는 아저씨가 있다. 많으면 하루 150단의 대파를 다듬는 '파 아저씨'. 동성로 대구백화점 골목에서 평생 파를 다듬어온 손성헌 씨(76)다.

경북 의성에서 태어나 25세에 대구로 와 40세 때부터 36년째 대파를 다듬어 국일식당 등 주요 식당에 공급해주고 있는 올해 76세의 손성헌 씨. 한때는 하루 16군데 식당에 파를 공급해주었다. 그래서 지역 외식업계에서는 '파 아저씨'로 알아

준다. 현재는 도심을 벗어나 북구 원대동 옛 원대시장의 한 가게에서 파를 다듬어 공급하고 있다.

처음에는 아세아극장 옆 빈터에서 이 일을 시작했다. 나중에는 대구백화점 측의 배려로 부인 김씨와 주차장 동편 골목에 진을 치고 국일 등 여러 국밥집에 파를 공급해주었다. 손씨는 매일 오토바이를 타고 북구 매천시장과 팔달시장에서 최상품 파를 구입해 와 일일이 정리한다. 국이 많이 팔리는 김장철에는 파는 하루 150단을 다듬고, 100여 개의 무를 깍두기용으로 잘라 갖다준다. 그도 따로국밥 파수꾼인 셈이다.

그는 따로국밥용 대파의 본질을 누구보다 잘 안다.

"파를 다듬을 땐 겉에 있는 늙고 시든 떡잎은 가차 없이 벗겨냅니다. 아깝다고 생각해 말라버린 잎과 밑동 쉰껍질을 국에 슬쩍 넣으면 국 맛은 죽을 수밖에 없습니다. 국 맛은 역시 좋은 재료에서 나옵니다. 따로국밥의 맛도 가래떡처럼 생긴 허연 대파뿌리에서 나온다고 봐요. 특히 뿌리가 전체의 3분의 2 이상 차지하는 놈이 국거리용으론 제격이죠. 요즘 중국 파도 기웃거리는데 그놈들은 잎이 더 굵고 억세 국 특유의 맛을 못 내게 되죠. 그럼 국 끓이는 실력이 없는 주인들은 자꾸 조미료에 의존할 수밖에 없어요."

경북 의성에서 태어나 25세에 대구로 와 40세 때부터 36년째 대파를 다듬어 국일식당 등 주요 식당에 공급해주고 있는 올해 76세의 손성헌 씨. 대구에서는 '파 아저씨'로 알아준다. 현재는 도심을 벗어나 북구 원대동 옛 원대시장의 한 가게에서 파를 다듬어 공급하고 있다.

대구의 별별 쇠고기국밥

쇠고깃국은 모두 밥과 국이 따로 나온다. 결국 따로국밥인 셈이다. 하지만 일부 업소는 여전히 자신들은 대구식 육개장을 낸다고 고집한다. 그들의 고집도 일리는 있다. 따로국밥과 육개장의 레시피가 많이 다르기 때문이다. 같은 점은 국과 밥을 따로 낸다는 것, 그리고 쇠고기를 식재료로 사용한다는 점이다. 같으면서도 차이가 나는 따로국밥과 육개장을 하나로 묶을 요량으로 필자는 일제강점기 사용됐던 대구탕을 제안했지만 더 헷갈린다는 반응만 돌아왔다. 개인적으로는 대구식 육개장보다 대구 따로국밥에 더 무게를 두고 싶다. 왜냐하면 대구식 육개장은 따로국밥을 포함하기 어렵지만 따로국밥은 육개장과 해장국, 탕반 시절의 국밥 스타일까지 지니고 있기 때문에 능히 대구식 육개장을 포함할 자격이 있다고 본다.

대구에는 대구 따로국밥 이외에도 다양한 쇠고깃국이 산재해 있다.

중구 미싱골목 옆 시장북로에 있는 '옛집육개장'을 비롯해 '벙글벙글', 종로의 '진골목' 등은 선지를 사용하지 않을 뿐만 아니라 사골 육수를 베이스로 사용하지 않기 때문에, 그냥 육개장, 대구식 육개장으로 불리기를 원한다. 하지만 고기를 결대로 찢는 서울식 육개장은 아니다. 양지머리를 주재료로 해서 고기를 뭉텅뭉텅 썰어내고 추가로 대파와 무만 넣는다.

또 다른 쇠고깃국의 명가로 '대덕식당'이 있다. 대덕식당은 다른 식당과 상당히 다른 레시피로 만든다. 육개장보다는 '선지해장국'에 더 가깝다. 사골 육수를 베이스로 해서 선지와 우거지를 부재료로 사용한다. 뭉텅뭉텅 쇠고기를 썰어 넣지도 않는다. 선지와 사골 육수를 사용한다는 측면에서는 국일따로국밥과 비슷한 대구식 해장국 스타일이다. 토박이들은 이걸 대구탕반이 육개장으로 넘어가기 전의 대구탕 스타일의 쇠고깃국으로 보기도 한다. 서울의 청진옥도 대덕식당과 비슷한 계열이라 볼 수 있다. 이런 연장선상에 있는 경상도 유명 식당이 바로 안동 신시장 내에 있는 '옥야식당'이다. 여기는 육개장이라 하지 않고 '선지국밥'이라 한다.

대구의 쇠고깃국 식당 중 서울식 육개장 방식을 취하는 데는 '조선육개장'이 유일하다. 여기는 사태살을 결대로 찢어 사용하고 결대로 찢은 대파를 주재료로 사용한다는 점이 서울식 육개장을 닮았다.

마지막으로 온천골·성암산쇠고기국밥은 지역 쇠고깃국 중에서 가장 단순한 형태다. 경북 경산, 청도, 영천 등지에서 유행한 '장터국밥' 스타일이다. 고기도 결대로 찢지 않기 때문에

왼쪽 위부터(시계 방향으로) 대구 가정식 쇠고깃국의 한 흐름을 유지하고 있는 온천골국밥, 예전 개장 스타일의 육개장을 닮은 조선육개장, 대구탕반의 전통을 잇는 대구 갱시기, 북구 고성동 진국닭개장의 닭개장.

육개장으로 보기도 어렵다. 사골 육수와 선지를 사용하지 않고 오직 양지머리를 참기름으로 볶아 그 육즙을 육수로 사용한다. 가정식 쇠고깃국과 가장 흡사한 형태다.

결론적으로 말해, 대구 지역의 쇠고깃국은 크게 해장국 스타일의 따로국밥, 대구식 육개장 스타일로 양분된다. 서울식과 달리 대구에서는 유달리 마늘 양념을 많이 사용하고 무보다 대파를 엄청나게 많이 쓴다는 점이 가장 큰 특징이다. 경남 의령의 대표 쇠고깃국집으로 불리는 종로식당은 콩나물을 주재료로 쓴다. 서울식에서는 고사리가 부재료로 많이 들어가지만, 대구에서는 좀처럼 고사리를 사용하지 않는다. 대구의 가정집 쇠고깃국에서는 콩나물 대신 숙주나물을 많이 사용한다. 대구에서는 '양평해장국'처럼 내장이 국에 들어가는 것도 꺼린다. 서울·경기권처럼 후춧가루도 힘을 발휘하지 못한다.

서울 음식 설렁탕의
기원과 발달

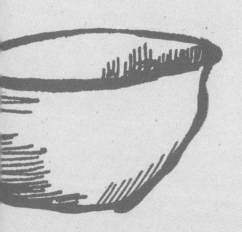

박정배

음식 칼럼니스트이자 음식 역사 문화 연구가다. 한국, 중국, 일본의 음식 역사와 문화를 현장과 연결하는 연구에 집중하고 있다. 지은 책으로《음식강산 1, 2, 3》《한식의 탄생》등이 있으며, 〈박정배의 한식의 탄생〉등 신문과 잡지에 다수의 글을 써왔다. 〈중화대반점〉〈대식가들〉 같은 방송 프로그램에도 출연하고 있다.

한양의 설렁탕

설렁탕은 한국의 고기문화에 대한 이해를 종합적으로 보여주는 음식이다. 귀한 쇠고기를 여러 사람이 나눠 먹기 가장 좋은 탕문화, 찬밥을 국에 말아 먹는 토렴문화, 뼈와 살과 내장 같은 소의 온갖 부위를 다 넣어 먹는 섞임의 음식문화가 설렁탕 한 그릇에 담겨 있다.[1]

탕반 하면 대구가 따라붙는 것처럼 설넝탕 하면 서울이 따라붙는다. 이만큼 설넝탕은 서울의 명물이다. 설넝탕 안 파는 음식점은 껄넝껄넝한 음식점이다.[2]

설렁탕에 관한 최초의 한글 기록은 1809년 빙허각 이씨가 엮은 《규합총서》에 충주의 검부 앞 명물로 등장한다. 한민족의 다른 탕이나 국과 달리 설렁탕은 소 도축의 역사와 궤를 같이한다.

조선시대 소 도살은 한양에서는 성균관의 노비인 반인泮人이, 지방에서는 백정이 담당했다.

반인의 현방은 원래 한양에만 한정적으로 영업을 허가받았으나, 18세기 후반부터는 지방에도 영업 공간을 확장하였다. 정조 6년 이후 반인들의 계속된 요청으로 지방의 감영·병영·고을에 현방의 설치가 허락되었다. 모두 21개 처였는데 해당 지방의 반발로 폐지되었고, 수원, 광주廣州, 강화, 개성, 전주, 동래, 원주 등 7개 처가 헌종 14년(1848년)까지 영업을 하고 있었다고 한다. 지방의 현방이 21개 처에서 7개 처로 줄어들었는데도, 반인들은 계속 현방을 설치하고자 하였다.[3]

18세기 이후 반인이 영업 영역을 지방으로 확대하기도 했지만 기본 원칙은 크게 변하지 않았다. 《북학의北學議》(1778년)에 따르면, 당시 하루에 500마리의 소가 도살되는데 한양에는 쇠고기를 파는 24곳의 푸줏간이 있고 지방 300여 고을 관아에서도 빠짐없이 쇠고기를 파는 푸줏간을 열고 있었다. 하지만 소의 도살과 유통, 판매의 중심지는 한양이었다.

조선시대 한양의 쇠고기 사정

조선의 수도 한양에서는 성균관 반인이 소의 도살과 판매를 전담하고 있었다. 초기에는 성균관 제사에 쓰이는 제물용

소를 잡는 일[4]과 성균관 유생들의 쇠고기 반찬을 공급하는 일로 시작됐지만,[5] 1606년 이전부터 소의 도살과 쇠고기 판매를 반인에게만 허락했다.[6] 현방은 반인들의 쇠고기 판매 가게로, 소를 걸어놓고 파는 탓에 현방懸房 혹은 도사屠肆로도 불렸고, 우리말로는 '다림방'이라 하였다.

반인이 쇠고기 판매를 위해 개설한 현방은 설치 초기에 48곳이 있었으나, 현종 말에서 숙종 초(17세기 중후반)에 10여 곳으로 줄어들었고, 숙종 1년 다시 5곳이 추가되어 15곳이 되었다고 한다. 그러다 숙종 8년 우역牛疫으로 없앴다가 이듬해 20곳을 다시 설치했고, 숙종 12년 마포에 한 곳을 더 설치해 21곳이 되었다. 이후 현방은 21곳으로 운영되다가 정조 6년에 경모궁 입구에 1곳을 더 설치해 22곳이 되었다. 그 뒤 순조 14년(1814)에 뚝섬과 두모포 사이에 1곳을 더 설치하여 현방은 모두 23곳이 되었던 것이다.[7]

사실 그 이전까지 한정적이었던 쇠고기 수요는 17세기 중반에 이르러 증가하였다.

그 첫째 요인으로는, 한양의 경제적 성장과 상업 도시로의 발전을 들 수 있다. 대동법 시행으로 물화가 한양으로 집중되어 한양에는 다양한 상품이 유통되었고, 생활수준이 점차 높아지면서 소비 수준도 향상되었기 때문이다. 특히 중인층의 성장이 소비 수준을 높이는 데 큰 역할을 하였다. 일반적으로 중간 계층은 상하간 생활 풍습을 교류시키는 위치에 있다고 할 수 있는데, 중간 계층이라고 할 수 있는 중인층이 경제적 부를 축적하면서 양반 문화를 모방하려 하였고 이러한 경향은 식생활 부분에서도 마찬가지였다. 식생활 수준의 전반적인 향상은 육류 소비의 증가를 초래하였고, 이러한 중인층 생활문화의 변화는 서민에게까지 영향을 끼쳤을 것이다.

둘째로는, 육식문화의 점차적인 확대를 들 수 있다. 고려시대에는 불교의 영향으로 육식을 금기시하였으나 고려 말 원나라의 영향으로 육식문화가 성행하였는데, 특히 우리나라에서는 육류 중에서도 쇠고기를 선호하는 관습이 있었다. 하지만 조선 왕조에서는 농우 보호를 위해 도살을 금지하였으므로, 쇠고기보다는 닭고기, 돼지고기가 주로 소비되었다. 그러나 조선 전기에 비해 소의 수가 증가되고 생산력이 발달하면서, 보다 고급 육류인 쇠고기의 소비가 늘어났다.

셋째, 당시 서울은 거주 인구 외에 과거科擧나 번상番上(지방의 군사를 뽑아서 차례로 서울의 군영으로 보내던 일) 등을 위해 상경한 유동 인구가 많았는데, 이들의 소비도 큰 몫을 차지하였다. 특히 17세기 중반 현종 대에 훈련도감 창설, 정초군精抄軍 확장 등 군영의 정비와 증대에 따라 병력의 번상이나 습조

習操(진법을 익히고 전투에 필요한 여러 가지 동작이나 작업 따위를 훈련하는 일)가 증가하였다. 뿐만 아니라, 숙종 대부터 영조 대에 걸친 북한산성과 도성의 수축, 탕춘대의 토성 축조 등 축성 사업으로 외방 주민이나 군인을 동원하는 일이 빈번하였다. 이들은 서울에 머무는 동안 주막 등에서 기거하며 생활하였다. 더욱이 이들을 위로하기 위해 행해진 호궤犒饋(군사에게 음식을 주어 위로하는 것)에서는 많은 양의 쇠고기가 소비되었다. 이것은 많은 사람에게 동시에 식사를 배급하는 집단 급식 때 쇠고깃국이 편리했기 때문이었다.[8]

현방은 도성 각 지역에 흩어져 있었으나, 북부 지역과 중부 지역에는 각각 부유한 양반과 중인층이 주로 거주하여서 특히 집중되었다. 현방의 설치는 쇠고기 수요를 반영하는 것이기에, 현방의 분포를 통해 쇠고기를 주로 소비하는 층이 바로 이들이었으며 차츰 경제적 부를 축적한 이들이 대두하면서 도성 주변과 외각에도 현방이 존재하게 되었음을 알 수 있다. 한편, 현방 한 곳에서는 매일 소 한 마리씩을 도살할 수 있었으며, 각 현방은 독점권을 행사할 수 있는 판매 구역이 있었다.[9]

양조업 발달은 미곡 소비의 증가는 물론이고, 육류 소비의 증가까지 동반하고 있었다. 흉년이 들어 농사가 어려울 경우

소 값은 떨어져도 고기 값은 올랐는데, 그것은 "쇠고기가 대부분 술집 안주로 쓰이기 때문"이라고 하였다. 이러한 현상이 흉년이라는 계절적 특수성에서 비롯된 것은 아니다. 정조 때 문신인 채제공은 "수십 년 전에는 술집 안주가 김치 좌반 등에 불과했으나, 근래 민습이 나빠져 새로운 술들이 많이 제조됨으로써, 현방의 고기와 시전의 생선 중 태반이 술 안주로 소비된다."라고 하였다.[10]

설렁탕 역시, 18세기 이후 조선의 쇠고기 소비가 급증할 때 외식으로 자리 잡았음이 분명하다.

19세기 말 20세기 초 설렁탕의 외식 풍경

1897년 1월 21일 일본 요코하마에서 발간된 게일J. S. Gale 의 《한영자뎐韓英字典》에는 설넝탕을 "소의 내장으로 끓인 국 A stew of beef intestines"이라고 설명하고 있다. 1897년 8월 26일 《독립신문》에는 고종황제의 생일 관련 기사에 설렁탕이 등장한다. 당시 집단 시위를 하던 유생들을 "셜넝탕 한 그릇만 주면 모두 와서 유건 쓰고 복합伏閤할 터이니 그 사람들이 모두 충신일진대 어지 하야 그렇게 충신 많은 나라 이 엇지 이 모양이 되야 가는지."라고 비판하는 내용이다.

1898년 9월 4일자 《독립신문》에는 "쟝국밥과 셜넝탕으로 대접하더라.”는 구절도 나온다. 설렁탕은 서민들의 음식으로 알려져 있지만, 19세기 말에서 20세기 초에는 양반도 즐겨 먹은 것은 물론, ‘대접용’ 음식으로 쓰일 정도로 서울 사람들이 좋아한 음식이었던 것이다. 19세기에 널리 대중화된 설렁탕은 대규모 행사에도 적합한 음식이었다. 밥을 미리 지어놓고 국을 끓여 그 국물에 식은 밥을 토렴하면 한국인이 가장 좋아하는 따스한 한 상 차림이 완성된다.[11]

20세기 초반까지 서울에서 가장 유명한 설렁탕 거리는 남대문 밖 잠배(현재 중림동)였다.

남문南門 밖 잠배紫巖 설녕탕을 제일로 쳐서 동지섣달 치운[추운] 밤에도 10여 리 밖게 잇는 사람들이 마치 여름날에 정릉貞陵 물마지나 악바위골 약수藥水 먹으러 가덧이 쟁투爭頭를 하고 갔었다.[12]

남대문 밖의 잠배가 유명해진 것은 남대문 밖에 형성된 칠패시장 때문이었다. 한강에서 올라오는 어물과 삼남의 물산들은 한강에 모인 후 칠패시장을 거쳐 유통되었다. 칠패시장을 오가는 사람들은 잠배에서 설렁탕 한 그릇을 먹고 남대문이 열리면 “노도와 같은 기세로” 성문 안으로 들어가 거래를 하였다. 번성하던 칠패시장은 1900년 경인철도 남대문 정거장이 세워지면서 급속하게 변화를 겪는다. 한강 물산의 집산지가 경강京江에서 남대문 정거장 주변으로 바뀌었기 때문이다. 1905년에는 일본 자본이 만든 주식회사 경성수산시장이, 1908년에는 히노마루 어시장이 설치되면서 칠패시장은 완전히 몰락하였다. 도성의 출입 시간도 해제되고 남대문 안쪽에서는 남대문시장이 활성화되면서 남대문 밖의 상권은 급속도로 몰락하였다.[13]

남대문 밖 잠배 지역의 설렁탕집들은 사라졌지만 흔적들은 남았다. 현재 소공동에 있는 '잼배옥'은 1933년부터 영업을 한 곳이다. 원래는 지금의 남대문경찰서 부근에서 영업을 시작해 한국전쟁 때 서소문공원 근처에 있다가, 1973년에 지금의 자리로 옮겼다. 하지만 이 집이 예전부터 유명한 남문 '잠배옥설렁탕'은 아니다. 기록보다 한참 뒤에 창업했기 때문이다. 1937년 발간된 《경성상공명람》에는 '잼배옥'이 나온다. 주인은 김덕재이고 주소는 '봉래정 1의 130'이다. 현재 잼배옥의 창업주는 김희준 선생(1905년생. 작고)이다. 1947년 9월 1일자 《조선경제신보朝鮮經濟新報》에는 '잠배옥설농탕'(도동1가 100) 광고가 나온다. 지금 잼배옥의 창업주와 이름도 다르고 주소도 다르다.[14] 이곳이 예전의 남문 잼배옥인지는 명확하지 않다. 다만 당시 남대문 주변에 적어도 두 군데 이상의 식당이 잼배옥이라는 이름을 사용하고 있었음은 분명하다.

종로구 관철동에 편입된 장교동長橋洞도 일제강점기에 유명한 설렁탕 동네였다.

우리 장교정에서는 다리는 거더 치우고 설넝탕을 명물로 내세우고자 합니다. 이러케 말하면 장교정에만 설넝탕이 잇는가 하고 들고 나설는지도 모르겟슴니다만은 당교설넝탕은 맛조케 잘하기가 다른 설넝탕에 비길 바가 안인 까닭이외다. 경성 사람 치고는 당교설넝탕이 조흔 줄을 다 알지요. 그러나 요사이에는 설넝탕 장사에 배가 불럿는지 전보다 못하게 되엿다는 말이 만흐니 명물이 어듸 일본 비행긔 갓소이다.[15]

설렁탕 전성시대

칠패시장이 사라진 후 설렁탕의 주도권은 종로로 옮겨간다.

지금은 시내 각처에 설넝탕집이 생긴 까닭에 그것도 시세時勢

를 일엇다[잃었다]. 시내 설넝탕집도 수로 치면 꽤 만치만은 그중 에는 종로이문鍾路里門설넝탕이라던지 장교長橋설넝탕, 샌전 일 삼옥一三屋설넝탕이 전날 잠배설넝탕의 세도勢道를 계승한 듯 하다.[16]

서울 YMCA와 종로타워 빌딩 뒤쪽인 이문里門은 당시에 도 성으로 들어가는 길목으로 검문소가 있었고 주변에는 땔감 용 나무시장이 있었다. 이문 안쪽에는 상호에 '이문'이 들어간 식당이 많았다. 구한말에 세워졌다가 사라진 '이문옥'과 20세 기 초반에 세워진 것으로 알려진 '이문식당', 1920년대의 기 록이 남아 있는 '이문설농탕' 모두 설렁탕을 팔던 식당이었다. 1929년에 발간된 《경성편람》에는 인사동의 '이문설농탕'과 '사동옥'은 설렁탕 전문점으로, '이문식당'은 조선 음식을 파 는 집으로, 관철동의 '일삼옥'은 설렁탕과 냉면을 파는 집으로 나와 있다. 《경성편람》은 규모가 상당히 큰 식당만을 실었다 는 점에서 당시의 설렁탕집이 커다란 인기를 얻었음을 알 수 있다.[17]

설렁탕은 일제강점기의 대표적인 배달음식이자 겨울에 주 로 먹는 음식이었다. 설렁탕집들은 여름에는 냉면을 팔았고 냉면집들은 겨울에 설렁탕을 팔았다.

이문설렁탕의 예전 모습. 이문은 조선시대 도성으로 들어가는 길목인 데다 주
변에 땔감용 나무 시장이 있었던 곳으로, '이문'의 이름을 가진 설렁탕집이 많
았다.

"설렁탕 그릇을 목판에 담아 어깨에 메고 자전거를 타고" 배달을 했다. 1939년, 이문식당에만 십수 명의 배달부가 있었다. 관공서와 경찰서가 단골 주문처였다. 이문식당 근처에 있던 종로경찰서에서는 설렁탕을 자주 시켜 먹었다. 경찰들은 물론 피의자들도 설렁탕을 먹고 "숨을 내쉰" 뒤 취조를 받았다.[18]

웃골목으로 들어서 설렁탕으로 한때는 너무 유명하던 이문식당이 있다. 설렁탕 한 그릇을 전화 한 마디 주문에 인천까지 배달을 하였다 하여 선전으로 멀쩡한 거짓말을 했는지 또는 용산까지 가져가고도 인천이라는지 하여튼 안은 '힛트'다.[19]

조선 중기 이후 번성했던 마포나루에도 식당이 많았다. 조선시대에는 성균관 반인들이 운영한 고깃집 현방도 있었다. 이곳에 설렁탕집들이 있었음은 확실하지만, 1970년 이전에는 기록이 없다. 현재도 마포와 주변 여의도에는 양지로 끓인 마포식 설렁탕 명가가 많다.[20]

마포대교 밑은 배가 다닐 때만 해도 식당이 제법 많았다. 주변에는 뱃사람들의 목돈을 노린 기생집이 줄지어 있었다. '마포옥'은 1919년 전후에 창업한 것으로 알려져 있다.[21]

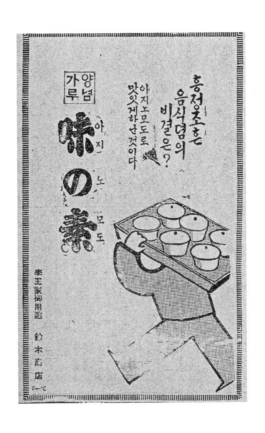

1930년대 아지노모토 광고에 등장한 설렁탕 배달 장면.

1920년대 마포 일대에는 '이문옥'이라는 설렁탕집은 물론, 김개문, 장재봉, 이창일 씨 등이 큰 음식점을 내어 유명했다고 하며, 당시에는 설렁탕, 곰탕, 양지머리탕으로 구분해 팔았다고 한다. 1. 4 후퇴 무렵까지만 해도 마포에는 뱃짐이 여전히 많았다. 그러나 이후에 자동차가 많아지면서 식당들은 거의 문을 닫았다. "원래 마포옥은 샛강 옆 방천 밑에 있었다." 서울대교가 놓이면서 지금 식당 주변으로 옮겨왔다. 마포식 설렁탕에서 가장 중요한 고춧가루는 맛을 위해 절구통에서 직접 빻았다. "곱창을 따로 고아 찧어서 그 물을 구수한 조미료로 섞어" 사용했다. 마포옥의 간판 메뉴는 옛날이나 지금이나 양지머리탕이다. 짠물에 시달리던 어부 장사꾼들이 비릿한 비위를 기름기가 텁텁한 양지머리탕으로 풀고나서 한 그릇에 15전, 즉 쌀 반 말 값을 선뜻 내놓고 가던 시설이었다.[22]

설렁탕집 급증의 수요 원인

설렁탕의 전성기는 일제강점기였다. 경성부 재무당국조사에 따르면, 1920년 경성 내외에 스물다섯 군데[23] 정도였던 설렁탕집은, 1924년에 100군데[24]로 급격하게 늘어난다. 1920년대 중반이 되자 "민중의 요구가 답지하고 조선 사람의 식성에 적합한 설렁탕은 실로 조선 음식계의 패왕"[25]으로 불렸다. 왜 설렁탕집이 일제강점기에 급증했는지 직접 원인을 언급한 자료는 없지만, 추정할 수 있는 배경은 있다.

1910년대부터 도시화, 산업화가 가속화되면서, 경성의 인구는 1920년 18만 명에서 1925년에 34만 명으로 급속하게 늘어난다. 서울로 유입된 인구는 출향자出鄕者로 불린 빈농이 중심이었고, 대부분 도시 빈민으로 도시에 거주하였다. 1920년 회사령 철폐로 농촌 인구의 도시 유입이 급증하면서 도시화가 가속되었다.

1920년대에 들어 경성을 비롯한 전국의 도시 지역에 인구가 급증한 배경으로는 두 가지를 지적할 수 있을 것이다. 우선 식민지 지배 정책의 결과가 그 하나로, 1910년대에 토지조사사업이 완료되면서 농촌으로부터 유출 농민이 많아지고 회사 설립을 억제했던 회사령이 1920년 4월 철폐되면서 결정적인 영향을 끼쳤다. 그리고 다른 하나는 1920년대 들어 달라진 식민지 사회 현실에 대한 인식 변화로, 1920년대 후반까지 계속 유지되었던 농민 유출이 늘어나는 분위기는 자연히 사람들을 이른바 '대처'(도회지)로 나가게 했고, 비록 식민지 수도로 그 위상과 기능이 떨어졌다 해도 경성은 여전히 많은 사람이 모이는 장소로 될 수밖에 없었던 것이다.[26]

급격한 인구 증가로 인해, 식량 문제는 심각한 사회 문제

경성부의 인구 변화 (단위: 명)

연도 구분	1914	1915	1920	1925	1930	1935	1940	1944
조선인	187,176	176,026	181,829	247,404	279,865	312,587	775,161	824,976
일본인	59,075	62,914	65,617	88,875	105,639	124,155	154,687	158,710
경성 인구	246,251	241,085	250,028	342,626	394,240	444,098	935,464	988,537

출처: 1914, 1915, 1920년은 조선총독부《조선총독부통계년보》, 1925~1944년은《국세조사보고서》

경성의 구역별 인구 (단위: 명)

구분 연도	경성 북부		경성 남부		경성 서부		용산 동부		용산 서부	
	조선인	일본인	조선인	일본인	조선인	일본인	조선인	일본인	조선인	일본인
1920	101,146 (95.1)	5,198 (4.9)	30,908 (43.8)	39,672 (56.2)	27,214 (89.2)	3,282 (10.8)	3,945 (20.0)	15,825 (80.0)	18,256 (91.8)	1,640 (8.2)
1924	121,100 (94.8)	6,616 (5.2)	35,744 (44.4)	44,883 (55.6)	33,736 (88.8)	4,239 (11.2)	8,635 (27.5)	22,820 (72.5)	19,891 (91.0)	1,966 (9.0)

출전: 〈경성부 내 조선인 호구 분포 정황京城府內朝鮮人戶口分布の情況〉,《조선경제잡지朝鮮經濟雜誌》 65, 1921. 5.; 〈경성소매상권내 인구증가 추세와 그 분포상태의 변천상황京城小賣商業圈內の人口增加の趨勢と期の分布狀態の變遷狀況〉(상),《경제월보經濟月報》 222, 1934. 6.
비고: (1) 경성 북부와 경성 남부의 경계가 되는 태평통1정목, 태평통2정목, 남대문통4정목, 남대문통5정목의 경우 조선인은 경성 북부의 통계에, 일본인은 경성 남부의 통계에 산입하였음.

가 되었다. 경성의 인구 증가는 조선인이 주로 거주하던 경성 북부가 가장 많고 급격이 늘어나는데, 경성의 조선인 인구는 1914년 18만 7,176명에서 1925년에는 24만 7,404명으로 30%

넘게 격증했다. 설렁탕집의 증가는 인구 증가를 훨씬 앞지른다. 설렁탕은 당시 도시 빈민의 저렴한 음식이자 서울의 외식 메뉴로 자리 잡았다.

설렁탕집 급증의 공급 요인

갑작스런 설렁탕집의 증가 요인으로, 수요의 급증과 더불어 설렁탕 재료를 전제로 하지 않을 수 없는데, 재료 수급에는 어떤 일이 있었던 것일까? 19세기 말에서 20세기 초중반까지 한국에서 육류 소비는 한국 내적인 요인 이외에 일본의 육류 소비 변화가 커다란 영향을 주었다. 식육은 병식兵食의 중요한 구성요소다. 1907년 일본군 병사의 1년간 식육 소비량은 22근으로, 일반인의 1.3근을 크게 상회했다.[27] 일본으로의 조선우 수출은 1890년대에 본격화되었다.[28] 1894~95년의 청일전쟁은 일본 군인의 육류 소비를 본격적으로 확대하고, 부족한 소의 공급에는 조선우가 가장 큰 부분을 차지하였다. 전시에 군인을 위한 고기는 현지에서는 냉장이나 냉동 고기 형태로 공급되지만, 일반적으로는 통조림 형태로 보급되었다. 청일전쟁 때 쇠고기 통조림의 효용성이 확인되었고,[29] 1904~05년의 러일전쟁 때 일본군의 식량으로 쇠고기가 대량 공급되었다. 처음에는 일본우를 군용 통조림으로 사용하다

일소로 우수한 성질을 지녔으면서 가격도 저렴한 조선우를 점차 수입하였다. 특히, 러일전쟁 이후에 본격적인 수입이 이루어졌다.

기름기가 살에 촘촘히 박힌 비육우를 생산·소비한 일본인에게, 일소로 들여온 조선소는 기름기가 없어 선호도가 떨어졌지만 군용 통조림으로 가공하기에는 가격이 저렴하고 기름기가 없어 보관이 용이한 탓에 더욱 선호되었다. 조선우는 싼것은 물론, 그 육질도 통조림에 적합하였다. 통조림을 만들기위해 쇠고기를 삶으면 얼마 되지 않는 지방분이 녹아 양이 줄어든다. 그래서 지방분이 적을수록, 특히 암소보다 황소, 어린소보다 늙은 소, 토종소보다 조선소가 요구된 것이다.[30] 대신민수(민간수요)는 지방이 많은 연하고 부드러운 고기가 여전히선호되었는데, 이것은 스키야키 등의 냄비요리에서 정점을 이루었다.[31]

러일전쟁 당시 조선에 주둔한 일본군 부대에도 대량의 고기가 공급되었다.[32] 부산의 일본인 거류지 주변에 일본인이 경영하는 군수용 우육 통조림 공장과 도살장이 두 곳 있어 주둔군 부대에 납품을 담당하였다. 공장에서는 매일 2,000개의제조품이 생산되었다.[33] 1923년에는 제주도 옹포리翁浦里에, 조선을 관할하는 제19사단(조선육군)에 쇠고기 통조림을 공급하기 위한 다케나카 간쓰메 제조소竹中缶詰製造所 濟州分工場가 세워졌다.[34] 1937년에는 전라남도 나주 월견정月見町에, 1943년에는 속초에 쇠고기 통조림 공장이 들어섰다.[35]

일본으로의 소 수출 및 일본 주둔군과 일본의 위생과 전염병 방지를 위해 일본 경찰에 의한 위생이 강화되었고, 1909년 조선 정부는 일본의 강력한 요청으로 도수규칙屠獸規則을 제정하였다. "일련의 과정은 위생 관리에 철저한 거류민과 주둔군 부대에 안전한 우육 공급을 목적으로 한 것이다."[36] 우육뿐만 아니라 군용, 군화 등에 필요한 우피牛皮의 수출도 급증해, 쌀과 콩 다음으로 많은 수출고를 기록하였다.[37] 일본에서 식량 문제가 발생한 1919년 이후, 조선총독부는 조선우의 수출 관세율을 내리는 정책을 실시하고 이 시기에 조선 빈농의 만주 이전이 본격화되면서 그들이 사용하던 소를 모아 일본으로 보냈다.[38] 근대 일본에게 소는 '우자원牛資源'이라는 단어로 상징되듯, 가죽과 고기, 뼈와 기름이 모두 군수용품으로 중요한 것이었다. 조선은 일본제국주의의 병참기지였고, 식민지 지배 시기 조선의 축산 정책도 기본적으로 군의 자원 확보라는 관점에서 봐야 한다.[39]

우자원으로서 소는 다양한 방법으로 사용되었지만, 일본인에게 식용의 소는 살코기로만 한정되어 있었다. 가죽이나

지방이 적은 조선의 소는 주로 살코기가 통조림으로 소비되었고, 이로 인해 풍부해진 내장, 뼈 등의 부산물은 설렁탕집의 급증을 불러왔다. 원산에서 소를 이출하는 1927년의 풍경.

기름, 일부 뼈처럼 일본인에게 필요한 몇몇 부산물 말고는 그들의 관심 밖이었고 기록도 없다. 내장과 뼈, 머리, 다리, 피 같은 대부분의 부산물은 고스란히 한국인의 몫이었다. 오랫동안 이런 부산물을 이용하여 탕을 끓여 먹어왔던 한민족이 이것들을 그냥 버렸을 리는 없다. 엄청난 양의 소 부산물은 수요를 창출하였다. 경성의 인구 증가율을 훨씬 넘는 설렁탕집의 급증은 이처럼 저렴하고 풍부한 식재료를 바탕으로 한다.

이렇듯 설렁탕은 수요와 공급이 다양한 요인과 결합되면서 경성을 대표하는 외식으로 정착하였다. 때문에 설렁탕 가격은 업자들 마음대로 올리거나 내릴 수 없는 공공재의 성격을 띠면서, 설렁탕 가격을 임의로 15전에서 5전 올렸다가 종로서 권유로 내리는 일 등이 일제강점기에 반복되었고,[40] 1937년 중국과 본격적으로 전쟁을 시작하고 1945년 패전하기까지 일본의 물가 통제가 심해지면서 설렁탕도 영향을 받았다. 1940년에 발표된 '유흥향락가에 자숙의 금령' 기간에 시내의 종로, 남대문 설렁탕집은 "술 취한 남자와 여급들이 쌍을 지어 밤참 먹으러 오는 것으로 실로 풍기가 어지러웁게 되는 온상"이라고 하여 밤 11시까지만 영업을 하게 되지만, "밤중까지 또는 새벽 일찍부터 일하는 노동자들의 요기하는 것만은 용서하여 주도록 하는 것 때문"에 동대문 밖과 서대문 밖의 심야 영업은 허가되었다.[41] 설렁탕이 도시 빈민, 노동자의 일상적인 외식의 자리를 굳건히 지킨 것은, 탕 및 따뜻한 밥을 좋아하는 기호와 단백질과 지방의 보충이라는 영양학적 부분에 저렴한 가격까지 더해진 탓이었다.

전쟁 이후 서울의 설렁탕 모습

설렁탕은 해방 후에도 서민 외식의 중심에서 비껴난 적이 없었지만, 식량 사정에 따라 부침을 거듭하였다. 해방 이후 청계천 주변에는 도시 빈민과, 북에서 내려온 실향민이 자리를 잡았다. "1946년 북한의 김일성 정부가 농지 개혁을 시행하자 평안도와 황해도 사람들이 많이 월남을 했다. 이들은 청계천 주변에서 외국에서 이주하거나 지방에서 올라온 사람들과 섞여서 살았다."[42] 1948년 청계천 주변에는 시루떡, 곰탕, 설렁탕 등을 판매하는 좌판도 상당히 많이 몰려 있었다.[43] 1950~60년대의 베이비붐과 도시 인구 집중, 이북 출신 실향민과 해외 거주 한국인의 귀환이 겹쳐 서울이 만원인 상태에서 기간 시설 미비로 흉작이 겹치면서 식량난은 심각하였다. 특히 1962년의 흉작은 쿠데타로 정권을 잡은 박정희 정권에게는 사활을 걸 만큼 중대한 사항이었다. 1960년대와 1970년대 내내 식량 통제를 기본 정책 기조로 한 혼분식 장려 운동이 이어졌다. 1963년 7월에는 점심시간에 쌀밥 판매 금지 조치가 시행되었다.

점심때 쌀밥을 못 먹도록 강력한 지시를 내린 10일 서울 시내 각종 음식점들은 울상이 되어 문을 닫느냐는 심각한 문제로 고민하고 있다. 이날 새벽부터 대한요식업협회에는 각종 요식업자들이 몰려들어 대용식을 팔 수 있도록 밀가루 특배를 해주든지 어느 기간 여유를 두고 이번 조치를 실시해주기를 요구했다. 대부분의 대중 요식업자들은 아침 11시부터 저녁[당시에는 '오후'를 이렇게 썼다.] 4시까지의 시간은 하루 매상고의 3분의 2를 팔 수 있는 시간인데 이 시간에 밥을 못 팔게 하면 세금도 안 나온다. 이번 조치는 음식점 문을 닫으라는 가혹한 조치이다라는 모진 불평을 하고 있다. (중략) 한편 대부분의 중류급 대중음식점에서는 식사 '메뉴'와 가격표는 그대로 두고 점심때 보리, 좁쌀, 팥 같은 잡곡으로만 만든 곰탕, 설렁탕, 장국밥 등을 팔 것이라고 말하면서 "돈 내고 사 먹는 이들에게 미안한 일"이라고 겸연쩍어 했다.[44]

강력한 정책은 계속되었다. 연이은 흉작으로 1964년 1월

24일부터 정부가 나서서 온갖 행정력을 동원하여 국민의 식사를 감시하는 혼분식 장려 운동을 펼쳤다. 가장 대표적인 예가, 1964년부터 교사들을 동원하여 초·중·고 학생들의 점심 도시락에서 쌀과 보리의 7:3 혼합 비율을 감독하도록 한 것이다. 그리고 같은 해 8월에는 설렁탕 같은 국밥에도 국수를 넣도록 지시했다.[45]

1965년에 "서울시 당국은 점심때 음식점을 이용하는 사람들의 직업 및 그 음식별 표본 조사"를 실시했는데, "먹는 음식별로는 냉면(35명)이 으뜸이고, 불고기 백반(24명), 설렁탕(12명), 비빔밥(12명)의 순위로 되어 있다."[46] 1968년에는 절미 운동 강화 차원에서 "한식의 탕류인 곰탕, 설렁탕, 육개장 등에는 백미 50%, 잡곡 25%, 면류 25%를 혼합토록 해서 주식뿐만 아니라 조식, 야식까지 판매할 수 있도록 했다."[47] 1973년에는 표준 식단제를 도입하면서 일반 대중 식사인 설렁탕, 곰탕, 육개장, 갈비탕, 비빔밥, 국수, 떡국, 만둣국 등은 김치 또는 깍두기, 나물 각 1종의 찬을 곁들이도록 강제했다. 밥과 함께 먹는 국에 국수가 들어간 것은 일제강점기부터 시작된 문화지만, 보편화되는 것은 1960년대 본격화된 식당의 쌀 사용 금지와 분식 장려 운동의 결과물이다.

1970년대 들어 서울에 택시 문화가 본격화되면서 택시 기사들을 위한 식당이 급격히 늘어났다. 1977년 당시 서울의 외곽이던 전농동, 군자동, 공항동 영동시장 부근과 마포 신촌 등에 택시 기사들을 위한 800개의 기사식당이 영업 중이었다.[48] 설렁탕은 돼지불백과 더불어 택시 기사들이 가장 즐겨먹던 식사였다. 1977년 통일미의 성공으로 쌀 완전 자급이 이루어지면서 공식적으로 혼분식 장려 운동이 끝나지만, 설렁탕은 대중 음식의 대명사라는 명성 때문에 물가 인상 억제의 단골 음식이 되고, 2017년까지도 한국은행의 물가 통계에 잡힐 정도로 여전히 가장 중요한 외식으로 깊이 뿌리내리고 있다.

설렁탕의 구성

설렁탕은 사시사철 먹었지만, 그래도 겨울이 제철이었다. 설렁탕은 고기 국물, 고기, 밥과 면에 반찬은 대개 깍두기를 기본으로 배추김치가 곁들여진다. 꾸미로는 주로 파를 사용하고 조미료는 압도적으로 소금을 많이 사용하지만 고춧가루와 후추도 사용한다. 그릇은 질그릇인 뚝배기를 기본으로 한다.

1909년 일본인 도리고에 사이키가 그림을 그리고 우스다

1909년 일본인 도리고에 사이키가 묘사한 설렁탕집 모습.

잔운이 해설을 단 《조선만화》에는 설렁탕집 풍경이 "쇠머리, 껍질, 뼈, 우족까지 집어넣고 시간을 들여 끓여낸 것을 다른 냄비에 국물만을 퍼서 간장으로 간을 맞추고"라고 묘사돼 있다. 가게 앞에 쇠머리를 진열해놓은 것은 다른 고기를 사용하지 않는다는 것을 보여주기 위한 이유도 있었다. 그런데 요즘 설렁탕 하면 으레 따라오는 소금 간이 아니라 간장 간을 한 것이 독특하다. 설렁탕에 관한 기록 중 간장 간은 이 기록이 유일하다.

《조선고유색사전朝鮮固有色辭典》은 "설렁탕雪濃湯은 주식물의 일종으로 소의 머리, 다리, 뼈, 내장 등의 육수에 소금을 첨가하고, 썬 파, 고춧가루를 곁들이고 밥과 면을 섞어서 따듯하게 먹는 것. 주로 겨울에 먹는다."[49]라고 적고 있다. 또한,《별건곤》에는 다음과 같이 묘사돼 있다. "파 양념과 고춧가루를 듭신 만히 쳐서 소곰으로 간을 맛츄어 가지고 홀홀 국물을 마셔가며 먹는 맛이란 도모지 무엇이라고 형언할 수가 업스며 무엇에다 비할 수가 업는 것이었다."[50] 반찬으로는 달달하고 시원한 깍두기를 먹었다. 설렁탕집의 깍두기가 달게 된 것은, 1920년대 이후 일본에서 유학을 마치고 귀국한 여성 조리학자들의 설탕 선호와 밀접한 관련이 있다.

더운 여름날 설렁탕은 좀 부담스런 음식이었다. 서울 사람들은 여름에는 시원한 냉면을 먹었다. 일제강점기 당시 서울의 설렁탕집은 여름에는 냉면을 팔았고, 냉면집은 겨울에는 설렁탕을 팔았다. 《경성편람》에 실린 설렁탕집 일삼옥의 메뉴는 설렁탕과 냉면이었다.[51] 서울의 냉면 국물에 양지 국물이 많이 사용되는 것은 설렁탕과 육수를 공유했기 때문이었을 것이다.

설렁탕은 뚝배기와 한 몸처럼 어울려 팔렸다. 1931년에 쓰인 《조선도자명고朝鮮陶磁名考》에는 "툭박이"가 주로 "설넝탕"과 같은 밥집에서 주로 사용된다고 설명하면서 "툭배기" "툭배리" "뚝배기" "둑수리" "툭수리"로도 부른다고 설명하고 있다.[52] 하지만 일제강점기 내내 뚝배기는 위생 문제로 몸살을 앓으면서 점차 사라져간다.[53]

그 소문이 한 매력이 되어서 한참 통에는 돈도 많이 벌었다한다. 그리 되니까 대구탕도 한다, 만두도 한다, 비빔밥도 한다하고, 집을 근대식으로 꾸며 고치고 그릇도 개량해서 뚝배기를사기그릇으로 갈아 설렁탕을 팔았으나, 먹는 손님이 점점 없어졌는지 요즘은 전연[완전히] 설렁탕을 폐지해버리고 말았다. 설렁탕이나 술국밥은 뚝배기 맛으로 먹는 것인데 양식이 전통을 집어먹었으니 옛날 이름이 아까워진다.[54]

설렁탕 이전의 고깃국

설렁탕의 어원과 기원에 관한 이야기는 많다. 선농단에서 제사 지낼 때 먹은 탕에서 유래했다는 선농단설, '고기 삶은 물'을 뜻하는 '공탕空湯'의 몽골어인 '슐루(슈루)'가 음운 변화를 거쳐 '설렁'이 되었다는 설, 개성의 '설령薛鈴'이라는 사람이 고려 멸망 후 한양으로 옮겨 탕반 장사를 시작하면서 그의 이름인 설령에서 설렁이 유래했다는 설,[55] 일본의 역사학자이자 언어학자이면서 이두 전문가였던 아유카이 후사노신鮎貝房之進이 1938년에 쓴 《잡고雜攷》에 나온 "설넝은 잡雜"이라는 주장에 근거한 '설렁잡설'까지 설렁탕의 어원과 기원에 관한 이야기는 많고 다양하다.[56] 그 이야기들의 근거를 따져볼 텐데, 일단은 그전에 '탕'이라는 말의 기원부터 살펴보자.

채소나 생선, 고기 등을 물에 넣어 먹는 음식은 중국에서 먼저 나왔다. 갱羹과 탕湯은 가장 보편적인 단어인데, 갱은 탕의 고어다. 엄밀한 구분은 없다. 고깃국을 지칭할 때는 학臛을 쓴다. 우리말 '국'은 17세기 들어서 처음 사용된다.[57]

"탕은 토기 발명 이후 우리나라[중국]에서 가장 먼저 나온 반찬이라고 할 수 있다. 우리나라[중국] 토기가 발명된 지 1만 2,000년으로, 갱(국)은 처음 생겨났을 뿐만 아니라 옛 사람들의 반찬 중 주요한 종류였다."[58]라는 견해뿐만 아니라, 전국시대(戰國時代. 기원전 403년~221년)에서 전한(前漢. 기원전 206년~기원후 8년) 초기까지의 예학禮學 관계문헌 46종을 종합한《예기禮記》〈내칙內則 편〉에서 "갱식羹食은 제후에서 서민까지 차등 없이 먹는 음식이다."[59]라고 할 정도로 갱과 탕은 한대에는 이미 보편화된 음식이었다.

한韓민족의 기록에 가장 먼저 등장하는 국물 음식도 '갱'이다.《삼국사기》〈동천왕 편〉에는 '동천왕이 즉위하다'(227년 5월)라는 기사에 "또 시중드는 사람을 시켜 식사를 올릴 때 왕의 옷에 국을 엎질렀으나 역시 화를 내지 않았다."라고 나온다. 소는 신라 눌지왕 22년(438) '우차법牛車法'에 처음 기록으로 나온다. 지증왕 3년(502)에는 우경牛耕이 시작되었다. 동천왕이 먹은 갱이 어떤 것인지는 알 수 없지만, 우경으로 쓰인 후 늙거나 병든 소를 먹는 것은 너무나 당연한 일이었고, 귀족들은 살코기를 구워 먹고 부산물은 탕으로 여러 사람이 나눠 먹었을 개연성은 매우 높다. 8세기 신라 경덕왕 대에 "육전肉典은 경덕왕景德王(재위 742~765년)이 상선국尙膳局[60]으로 고쳤고 후에 예전대로 회복되었다."라는 구절이 나오는 것으로 보아, 이미 고기 전용이나 혹은 고기를 주로 사용한 왕실 요리 부서가 이전부터 있었음을 알 수 있다. 1933년 일본 동대사의

정창원에서 발견된 7세기 말[61]의 〈신라촌장적문서新羅村落帳籍
文書〉에 의하면, 7세기 말 신라의 농민은 가난하더라도 1~2두
의 말과 소를 소유하는 것이 보통이었다. 1910년대 농민에 비
하면 7세기 말의 농민은 7~8배나 많은 말과 소를 보유한 것
이다.[62]

고려시대에 송나라 사신 서긍이 기록한《고려도경》에는 양
과 돼지를 잡아서 갱을 송나라 사신에게 대접한 이야기가 등
장한다.[63] 이규보(李奎報. 1168~1241)의 《동국이상국집東國李相
國集》에 실린 '가포육영家圃六詠' 가운데 〈파葱〉라는 시를 보자.

고운 손처럼 가지런히 모여 수북하게 많고　　纖手森攢戢戢多

아이들은 불어대는 호드기를 만드네　　　　　兒童吹却當簫笳

술자리의 안주 구실뿐 아니라　　　　　　　　不唯酒席堪爲佐

비린 국에 썰어 넣으면 더욱 맛나네　　　　　芼切腥羹味更嘉

비린 국에 넣은 것이 생선인지 육고기인지는 명확하지 않
지만, 국물에 파를 넣어 먹었다는 구절은 설렁탕이나 곰탕의
파 첨가가 오래전부터 있었던 음식 관행이었음을 알려준다.

또한,《동국이상국집》에 "곰국은 있는 대로 사양치 않아臛
臛不辭歆"[64]라고 적고 있는데, 채갱菜羹[65]이나 어갱魚羹[66]을 구분

한 것으로 보아 갱만을 사용하는 경우에는 고깃국을 지칭하는 것으로 유추할 수도 있다.

우리 민족이 사용한 고기 국물을 지칭하면서 쓴 대표적인 말은 '육즙肉汁'이다. 《조선왕조실록》 태종 3년(1403년)의 기록에 육즙을 신하에게 내려주는 것을 시작으로, 조선시대 내내 육즙은 빈번하게 등장한다. 육즙은 주로 원기가 부족한 환자들에게 치료용으로 많이 사용된 약이었다. 곰탕과 관련된 기록으로는, 1800년에 발간된 〈능소주다식 조석상식발기陵所畫茶食朝夕上食撥記〉에 '고음膏飮탕'이 있다. 설렁탕과 곰에 관한 기록이 19세기부터 등장하지만 고기 국물을 먹는 문화가 그 이전에 있었음은 불을 보듯 뻔한 일이다.[67]

설렁탕 선농단설

설렁탕의 유래와 관련해 가장 많이 등장하는 것은 '선농단 제사 관련설'이다. 선농단先農壇에서 임금이 제사를 지낼 때 큰비가 내려 발이 묶이자 배고픈 사람들을 위해 임금의 명으로 제사 지냈던 소를 잡아 선농단에 참석한 사람들과 나눠 먹었다는 것이다. 이 이야기는 《동아일보》 1924년 7월 13일자에 처음 등장한다.

　설넝탕 말이 낫스니 설넝탕 력사를 말하며 봅시다. 설넝탕은
선농탕先農湯의 와면(와전)인데, 이 선농탕이 생기기는 옛날 어늬
임금이 덕뎐(적전)을 할 때 임금 모신 만혼 신하와 수천 군중에
게 뎜심(점심)을 내릴 때에 소를 그대로 함부로 뚜드려 넛코 국을
끄린 일이 잇섯는데 이로써 국 일홈(이름)을 선농탕이라고 하엿
답니다.

1937년 10월 22일자 《매일신보》에 실린 〈'설넝탕' 원명은
'선농탕先農湯'〉이라는 기사에는 한 발 더 나가, 임금이 세종대
왕으로 구체화되어 나온다.

　설넝탕의 력사는 상당히 오랜 것으로 설넝탕이 처음 생겨나기
는 세종대왕 때라고 합니다. 세종대왕께서 그 당시에 동대문 박
에다 선농단을 두시고 해마다 대왕께서 친경을 하시엿섯는데,
어느 해 친경을 하시다 갑작이 비를 맛나시엿습니다. 비는 심히
오고 날은 점점으러 몹시 시장하신데, 여러 신하와 함께 잡수실
음식이 업슴으로, 할 수 업시 그때 밧 갈든 소 한필을 그 자리에
서 잡어서 그대로 솟헤다 맹물만 붓고 끄리여 소금을 타서 잡수

시엿는데, 시장 햇든 관계도 잇섯지만 그때 모시고 잇든 신하들이 엇지나 맛잇게 먹었든지 그후에도 설넝탕을 끄려 먹게 되고, 이법이 차차 여럼에 전파하게 되여 지금까지 네려온 것이라고 합니다. 그런 고로 지금 길가에서 보는 설넝탕雪濃湯이라고 하는 간판은 선농탕先農湯이라고 고처 써야 할 것입니다.

선농제에 대하여

어느 자료를 근거로 했는지가 불분명한 탓에 설렁탕 선농단설은 그대로 믿기는 어렵다. 선농제의 가장 중요한 행사인 친경제親耕祭에 쓰인 소들은 농경국가인 조선에서는 귀한 존재들이라, 평생 전생서典牲署나 사축서司畜署에서 백성이 먹는 음식보다 좋은 음식을 먹고 살다 죽었다.[68] 선농은 인간에게 농사를 가르쳤다는 중국의 신농씨神農氏로서, 염제炎帝 혹은 선색先嗇이라고도 부른다. 우리나라에서는 삼국시대에 선농에 제사 지낸 기록이 있고, 고려시대에 선농제에 대한 기록이 나온다. 조선시대 들어와서도 선농제는 이어졌지만 워낙 경비가 많이 드는 행사라 많이 거행은 되지 않다가, 성종 때(재위 1469~1494년) 처음 열렸다.

농農은 만사의 근본이므로 임금이 적전耤田을 친경親耕하여 자성찬盛[69]에 이바지하였으며, 임금의 존귀한 몸으로서 갈아서 백성들에게 시범하였기 때문에 백성들이 남묘南畝에서 일을 하니 농사가 흥하였다. 그러므로 적전이란 것은 또 권농勸農의 근본이라 한다. 태조조太祖朝에 적전영승耤田令丞을 두어 적경제사耤耕祭祀의 법을 관장케 하였으니, 서적전西耤田은 개성부 동편 20리에 있는데, 본래 고려의 교채공전郊采公田이었던 것이며, 동적전東耤田은 도성都城 밖 10리 전농典農에 있는데, 곧 선농先農(신농씨神農氏)에게 제사를 지내고 친경親耕하는 땅이었으므로, 열성조列聖朝께서 친경하는 예식을 많이 거행하셨다.[70]

원시 유학인 '고학古學'에 기반한 예학禮學에 정통했던 조선 중기의 학자 허목許穆(1595~1682)의 문집《기언記言》에는 선농제가 중국에서 비롯된 것임을 밝히고 있다.

예(禮. 예기)에 "정월 원일元日에 황종黃鍾을 연주하고 대려大呂를 노래하고 운문雲門을 추고, 천자가 상제上帝에게 풍년을 빌고 후직后稷을 배향한다. 그러고나서 원신元辰을 가려서 천자가 몸소 쟁기를 싣고 삼공三公, 구경九卿, 제후諸侯, 대부大夫를 거느리고 몸소 제왕의 적전籍田을 간다. 천자는 쟁기를 세 번 밀고, 삼공은 다섯 번 밀고, 제후와 대부는 아홉 번 밀고나서 대침大寢으로 돌아와 연례宴禮를 행하는데, 삼공, 구경, 제후, 대부가 모두 참여하고 이 연례의 명칭을 노주勞酒라고 한다. 사士는 천賤하여 밭가는 데에 끼지 못하기 때문에 노주에도 끼지 못한다. 아홉 번 민 뒤에 농부가 마저 다 간다." 하였습니다. 옛날에 곡식의 종자를 후궁后宮에 보관하였으니, 대를 잇고 번성하는 상서가 있기 때문이고, 곡식의 씨앗을 죽이지 않고 살려서 바쳐 왕을 돕고 교제郊祭와 체제禘祭에 이바지하였습니다. 이것은 제왕의 성대한 일로서 삼대三代 때에 행한 것입니다. 서한西漢때에 경제景帝가 적전을 갈고 나서 조서를 내리기를 "짐이 친히 밭을 간 것은 천하에 솔선을 보인 것이다." 하였고, 진 무제晉武帝 4년(268) 정월 정해일에 무제가 동교東郊에서 친히 적전을 갈고, 무자일에 대사면을 내리고, 사공司空 반악潘岳이 〈적전부籍田賦〉를 지어 올려 성대한 의식을 칭송하였으니, 이것이 진과 한의 고사古事입니다.[71]

친경은 성종 때 시작해 순종 때를 마지막으로 16회 열리는데,[72] 위의 기사처럼 선농단 제사 때 바람이 불고 비가 올 때 소를 잡아먹은 기록은 없다. 선농단과 관련된 음식 관련 사항은 제사를 올릴 때와 선농단이 끝나고 일에 관련된 사람들을 위한 위로 잔치에 등장한다.

제사에 앞서 희생(소, 돼지, 양)을 잡아서 생으로 올리거나 삶은 뒤 먹는 의식이 있었다.

전사관이 재인宰人을 거느리고 난도鸞刀[73]로써 희생을 베고, 축
사祝史가 반槃을 가지고 털과 피를 취取하여 찬소饌所에 두고, 드
디어 희생을 삶는다(가죽째 삶아 익히고, 그 나머지의 털과 피는 깨끗
한 그릇에 담아 두었다가, 제사가 끝난 뒤에 묻는다).[74]

밭을 갈 날이 되어 울인鬱人이 울창주鬱鬯酒[75]를 올리고, 희인犧
人이 예주를 올리면 왕이 울창주를 부어 강신하고 예주를 마시
고서 적전으로 간다. 친히 쟁기를 동승하는 보개保介와 마부 사
이에 싣고, 백관과 서민이 모두 따라간다. 적전에 도착하면 직稷
이 감찰監察하고, 선부膳夫와 농정農正이 적례籍禮를 진설하고 제
사하여 풍년을 기원한다. 태사太史가 왕을 인도하면 왕이 공경
히 따른다. 왕이 한 번 갈고, 공公, 경卿, 대부大夫는 각각 그 윗사
람보다 세 배를 갈고, 서민이 1000묘畝를 마저 다 간다. 직稷이
그 공功을 살피면 태사太史가 감찰하고, 사도가 백성을 살피면
태사太師가 감찰한다. 일을 마치고나면 재부宰夫가 연향할 음식
을 진설하면 선부가 감찰하고, 선부가 왕을 인도하여 왕이 태뢰
太牢를 들면 반班이 맛보고, 서민이 마저 먹는다.[76]

예기 교특생郊特牲에 이르기를, "희생犧牲을 함께 먹는 것은 존비尊卑를 같이하기 때문이다." 하였고, 〈혼의昏義〉의 소疏에 이르기를 "함께한 희생을 먹으며 희생을 달리하지 않는다." 하였습니다. 이는 대개 처妻의 존비는 자기와 동등하기 때문에 희생을 같이하고 따로 먹지 않는 것입니다.[77]

중국의 예를 따라서 희생으로 올린 제사 음식을 황제에서 서민들까지 나눠 먹었다는 것을 알 수 있는데, 소를 사용한 경우에는 소 두 마리를 잡아 희생으로 올리고 이것을 나눠 먹었다. 삶은 뒤에 먹는 것으로 보아 탕으로 먹었을 가능성도 있다. 설렁탕 선농단설이 세종대왕 때 시작되었다거나 비가 와서 먹을 것이 없어서 소를 잡아먹었다는 내용과는 맞지 않지만, 제사 후 음식을 먹는 것은 신과 인간이 같은 것을 먹는다는 신인공식神人共食의 제사 철학과도 상응하는 것이어서, 설렁탕 선농단설이 아무 근거가 없는 것은 아니라고 할 만한 것들이다.

선농제 후의 음식

선농제 이후에는 행사에 동원된 사람들을 위한 노주례勞酒禮라는 위로연이 열렸다.

삼가 아룁니다. 성상(선조)께서 즉위하시어 3년 되는 해 2월 을해일에 성상께서 동교東郊에 나가 선색先嗇에게 기곡제祈穀祭 를 지내고나서 공, 경, 대부를 거느리고 적전에서 친히 밭을 갈 아 농례農禮를 행하셨습니다. 돌아와 대침大寢에서 연례宴禮를 행하였는데 예의가 매우 성대하여 도성의 기로耆老와 백성들이 모두들 기뻐하고 감탄하며 송축하였습니다. 다음 날 병자일에 스스로 밭을 갈고 백성을 권면하는 뜻으로 온 나라에 포고하셨 으니 제왕의 성대한 일이라고 할 수 있을 것입니다.[78]

영조는 당대의 번영을 대변하듯 가장 많은 5회의 선농제를 지냈다. 영조 15년(1739)에 노주례에 관한 내용이 《국조보감國 朝寶鑑》에 나온다.

또 호조 판서를 경적사耕籍使로 삼고, 곡식 종자는 푸른색 상 자에 담고, 소는 황소黃牛를 쓰되 푸른색 천으로 덮고, 노주례勞 酒禮에 있어 농우農牛를 죽여서는 안 되니 돼지로 대신하도록 하 였다. 기일에 미쳐 상이 선농단先農壇에 친히 제사를 지내고 - 《오례의》의 제선농의祭先農儀를 참고하여 써서 송신送神의 예가 없었다. 마침내 의례대로 친경하였다.

쟁기와 소에게 입혔던 옷을 태상시太常寺에 보관하고, 적전을 간 소를 태복시太僕寺에서 죽을 때까지 기르도록 명하였다.

노주례는 이름에서 알 수 있듯이 제사에 참여해 일을 한 사람들을 위로하는 자리였으므로 먹거리와 술이 베풀어진 잔치였다.

중종 23년(1528)에 거행된 선농제 때 예조가 흉년으로 친경 후의 주연을 금지하자고 아뢰나, 중종은 그냥 거행하게 하였다. 영조 때는 노주례를 기존의 방식대로 하기를 왕이 명하는데, 이는《예기》등의 고례古禮에 나오는 중요한 행사였으므로 가뭄 때에도 변경하는 것을 허락지 않은 것이다.

연회를 할 때는 왕이 태뢰太牢를 차려 먹는데 왕이 먹고 신하들이 차례대로 먹으며 서민이 맨 나중에 먹습니다. 아랫사람이 윗사람을 받드는 것과 윗사람이 아랫사람을 예로써 대하는 것이 절도가 있고 위의가 있어서 예수禮數가 어지럽지 않습니다. 그런 뒤에야 예가 이루어졌다고 할 수 있으니, 이 예가 이미《예경禮經》에 나타나 있고, 또《오례의五禮儀》에 실려 있습니다. 우리 선왕께서 이미 행하신 예이니 빠뜨려서는 안 됩니다. 대부 이상으로 친경에 참여한 자가 연례에 참여하니, 설날과 동지에 백관이 모이는 것과 같지 않으므로 때에 따라 풍성하게 하기도 하

고 간소하게 하기도 하는 것은 또한 논할 바가 아닙니다.[79]

《기언》에 실린 위의 내용은 논쟁이 될 만한 대목이다. 선왕
께서 이미 행하신 선농제는 선조 때(1572, 선조 5년) 한 번뿐이
므로 선조 때 선농제 이후에 노주연에서 먹은 음식 이야기다.
그런데, 영조 때와 달리 태뢰를 왕과 신하는 물론 친경례에 참
석한 모든 사람들이 나눠 먹었다고 생각할 수도 있다. 앞부분
의 "연회를 할 때는 왕이 태뢰를 차려 먹는데 왕이 먹고 신하
들이 차례대로 먹으며 서민이 맨 나중에 먹습니다."는 중국의
고문헌인 《국어國語》[80] 〈주어周語 상上 편〉을 인용한 것이지만
"우리 선왕께서 이미 행하신 예이니 빠뜨려서는 안 됩니다."라
는 대목이 나오기 때문이다. 이것이 사실이라면 선농단에서
직접 먹은 것은 아니지만 선농제 마무리 행사인 노주연에서
쇠고기를 먹었다는 기록에 따라 설렁탕 선농단설이 결코 재
밌거리로 만들어졌다고 보기는 어렵다. 선농제에 참석한 수천
명의 사람이 일반 소가 아닌 제사나 행사에 이용된 태뢰를 먹
었다면 구이로 먹었을 가능성보다는 탕으로 먹었을 개연성이
크다. 친경에 사용하는 소는 왕이 직접 친경할 때는 한 쌍의
소, 즉 두 마리를 사용하고, 대신들이나 농민들이 이용하는
친경우는 50개의 쟁기를 사용하는데 쟁기 하나에 한 마리를

이용하는 경우 50마리가, 두 마리를 사용할 경우에는 100마리가 동원되었다. 친경에 직접 이용한 소는 다음 친경에도 사용된 점을 감안한다면 쇠고기를 먹었을 경우에는 왕이 직접 친경에 이용한 소가 아니라 신하들과 농부들이 사용한 종경우終耕牛를 사용했을 것이다.

예조 판서 신회가 아뢰기를, "기미년에 친경할 적에는 종경終耕하는 50인의 소를 쌍가우雙駕牛로 마련하였기 때문에 수효가 100두頭였는데 계유년(1753, 영조 29)과 갑신년 두 해에는 전교에 따라 반으로 줄여서 일가우一駕牛를 썼습니다. 이번에는 어떻게 할지 감히 여쭙니다." 하니, 상(영조)이 이르기를, "갑신년의 전례대로 반으로 줄여서 마련하도록 하라." 하였다.

같은 날 입시하였을 적에 예조 판서 신회가 아뢰기를, "기미년에는 친경우親耕牛 2두를 황우黃牛에 겹청의裌青衣로 대용하였는데, 계유년과 갑신년 두 해에는 전교에 따라 흑우黑牛를 썼습니다. 이번에는 어느 해의 예로 거행할까요?" 하니, 상이 이르기를, "흑우를 쓰도록 하라." 하였다. 신회가 아뢰기를, "갑신년에 친경할 적에 썼던 흑우가 아직 태복시太僕寺에 있다 하니, 이번에도 사용하면 폐단을 줄일 수 있을 것입니다." 하니, 상이 이르기

를, "그러한가. 이번에도 사용하도록 하라." 하였다.[81]

위에 내용을 보면 갑신(1764, 영조 40년)년 친경에 썼던 흑우는 태복시太僕寺에 있는 탓에 3년 뒤인 정해丁亥(1767, 영조 43)년에 거행된 친경에도 사용되었음을 알 수 있다.

성상께서 즉위하시어 3년 되는 해 2월 을해일에 성상께서 동교東郊에 나가 선색先嗇에게 기곡제祈穀祭를 지내고나서 공, 경, 대부를 거느리고 적전에서 친히 밭을 갈아 농례農禮를 행하셨습니다. 돌아와 대침大寢에서 연례宴禮를 행하였는데 예의가 매우 성대하여 도성의 기로耆老와 백성들이 모두들 기뻐하고 감탄하며 송축하였습니다. 다음 날 병자일에 스스로 밭을 갈고 백성을 권면하는 뜻으로 온 나라에 포고하셨으니 제왕의 성대한 일이라고 할 수 있을 것입니다. 예로부터 이런 일을 기록하였으니, 시가를 지어 성대한 덕을 칭술稱述하지 않은 채 묵묵히 있을 수 없습니다. 신 허목은 삼가 〈친경서親耕序〉를 짓고 이어 〈친경송〉을 지어서 올리니, 1장章 38구句입니다. 신은 지극한 기쁨을 금할 수 없습니다. 살펴주소서.[82]

선농제 제사시 제물로 바쳐진 소를 먹거나 위로연에 소를 먹은 기록으로 보면 선농단 기원설의 개연성도 크다.

설렁탕 슐렝설

설렁탕의 다양한 기원설 가운데 현재까지 가장 많은 지지를 받고 있는 것은 몽골의 슐렝설이다. 1768년 이억성李億成이 엮어 간행한 몽골어 학습서인 《몽어유해蒙語類解》에 "공탕空湯"이라는 단어가 나온다. 공탕을 몽골어로 "슈루"라고 표기하고 "고기 삶은 물"이라고 해석해놓았다. 1788년에 발간된 외국어 학습서인 《방언집석方言集釋》에는 공탕을 "고기믈"이라고 표기하고, 한나라에서는 "콩탕", 청나라에서는 "실러", 몽골에서는 "슐루"라고 부른다고 써놨다. 공탕은 맹물에 고기를 삶는 조리법을 뜻한다.

강기운 선생은 설렁탕의 어원을 '슐렝sulen'(뼈와 고기를 함께 삶은 물)으로 추정하고, 슐렝šülen〉설런sələn〉설렁səlləŋ의 과정을 거치고 거기에 '탕湯'을 덧붙인 이음첩어로 보고 있다. 그는 선농탕 설렁탕설은 "선농이 설농으로 되는 현상을 접변이라고 하는 근거는 언어학적으로도 현실성이 약하다."[83]고 주장했다.

이성우 선생은 《몽어유해》에 나오는 "공탕空湯"이 몽골어로 슈루이며, 공탕은 곰탕으로 슈루는 설렁탕으로 발전했다고 주장한다. 그러나 설렁탕이 주로 뼈와 살을 이용하고 곰탕이 뼈 대신 내장과 살코기를 이용하는 점을 감안하면 100% 동의하기는 어렵다. 곰은 동사 '고다'에서 파생된 명사다. 곰은 고음에서 변화한 형태다.[84] 또한 곰은 기름油膏의 어근 '길'과 '골'의 동원어同源語다. 곰과 곱창의 '곱'은 모두 길과 골의 변화에서 온 것이다.[85]

한국의 다른 탕 음식이 장을 기반으로 한 것과 달리 곰탕과 설렁탕과 백숙만이 간을 소금으로 직접하고 파를 넣는다는 점도 몽골 음식일 가능성을 높여준다. "특히 내장까지 백숙을 해서 먹는 방법에서는 몽골이나 중국 동북 지방의 북방 소수 민족들과도 유사하다."[86]

기르는 짐승으로 양이 제일 많았고 소가 그다음이었으며, 말을 귀하게 여겨 웬만큼 큰 잔치가 아니면 잡지 않았다고 한다. 마시는 것은 말젖과 소·양의 유제품이었고, 요리법은 굽는 것이 주를 이루어 열에 여덟아홉은 굽는 것이었고 삶는 것을 열에 두셋 정도를 차지하였으며 맛을 내는 것은 소금 한 가지였다고 한다.[87]

몽고의 대표적인 음식 "이데" 또는 "오츠"는 백숙으로 고기를 뜯고 국물을 마시는데 이것을 식사의 의미로도 쓴다. "쏠티호-르"는 우리의 국밥과도 상통되는 것으로 고기 국물에 국수나 다른 곡류를 사용하는 음식이다.[88]

맹물에 고기를 끓이는 백숙 방식이나 맛을 소금으로만 내는 것은 된장이나 간장을 기본으로 하는 한민족의 탕문화와는 다른 점에서 몽골의 영향을 생각할 수 있다.

《몽골비사》[89]에는 양고깃국이 9회[90]나 등장할 정도로 몽골인인 가장 즐겨먹는 음식이었고 전국에서 두 살배기 양을 바치게 할 정도로 미식으로도 좋아한 음식이었다.

원의 지배하에 1세기를 지낸 고려는 이러한 원의 식육문화에 크게 영향을 받게 되었다. 특히 원나라에 볼모로 가 있던 왕세자들은 이러한 식생활을 자연스럽게 접하였을 것이고, 그의 부인으로 이 땅에 들어온 몽골의 공주들은 수행원들과 함께 이러한 식문화를 고려의 상류 사회를 중심으로 전파하였다.[91] 상류층뿐만 아니라 몽골족이 북쪽에 자리를 잡으면서 그들에 의한 고기문화는 농경사회 고려에 심각한 사회 문제가 되었다.

먹는 것은 민民의 하늘이고 곡식은 소의 힘으로 나오는 것입니다. 그런 까닭에 우리나라에는 소 잡는 것을 금지하는 도감禁殺都監을 두었으니 농사를 중히 여기고 민생을 두텁게 하기 위한 것입니다. 달단韃靼의 수척水尺은 소를 도살하는 것으로 농사를 대신하니 서북면이 더욱 심하여 주군의 각 참站에서 모두 소를 잡아서 빈객을 먹여도 금지하는 것이 없습니다. 마땅히 금살도감 및 주군의 수령으로 하여금 금지령을 펼쳐 시행하게 하며, '법을 어긴 자'를 붙잡아서 관에 고하는 자가 있으면 그자의 가산을 상으로 주고, 범한 자는 살인죄로 논하시기 바랍니다.[92]

달단의 수척이 고려와 조선을 거치면서 소를 전문적으로 잡는 백정이 된다는 데는 이견이 없다. 하지만 원의 지배 이전에도 고려나 그 이전에 한민족이 고깃국과 쇠고깃국을 먹은 기록은 여럿 나온다. 원나라의 슐렝이 양고기인 것을 감안하여 설렁탕을 원나라 지배 이후 수입된 고깃국문화로 여긴다 해도, 소를 기본으로 한 한민족 방식으로 변형된 것은 자명하고 그 이전에도 고깃국문화가 존재한 것도 명확한 사실이다. 설렁이라는 이름과 맹물에 소금 간만을 한 조리법이 이때 전해졌고, 고기를 잡는 전문들이 몽골족인 달단족 수척임을 감안하면 설렁탕의 슐렝설은 상당한 설득력을 지닌다. 다만 설렁탕문화가 몽골에서 기인한 것이라고 해도 쇠고기를 이용한 설렁탕문화는 한민족에 의해 변형 발전한 것은 명확하다.

개성 기원설과 북한의 설렁탕 사정

설렁탕의 기원설 중에 개성 기원설이 있을 만큼, 개성은 설렁탕을 즐겨 먹고 개성 사람들이나 북한의 조리서들도 설렁탕을 개성의 음식으로 거론하는 경우가 많다. 북한에서 발간된 《조선말대사전》(사회과학출판사(평양), 2017)에서는 설렁탕을 "소의 내장, 대가리, 발쪽, 무릎도가니, 뼈다귀 같은 것을 함께 넣고 푹 삶은 국 또는 그 국에 밥을 만 음식"으로 정의하고 있다. 《조선민속음식》(과학백과사전출판사(평양), 2017)에서는 설렁탕을 "소의 내장, 대가리, 사골, 등뼈, 발쪽 등을 삶아서 찐 다음 뽀얗게 되도록 푹 끓인 뼈 국물을 부어서 만드는 탕"으로 정의하는데, 뽀얗게 끓인 국물을 공통으로 한다. 북한의 조리서들은 개인이나 가문의 취향이 아닌 북한의 공식 입장임을 염두에 둘 필요가 있다. 같은 책에서 설렁탕의 기원으로 선농단설이 등장하는 것은 대한민국과 같지만 새로운 개성 기원설도 소개하고 있다.

설렁탕의 유래에 대하여서는 개성 지방의 가난한 사람들이 부자들은 거들떠보지도 않는 소 내장이나 발통 같은 것을 구해다가 뼈가 물러날 정도로 푹 끓여 먹었는데 이것이 맛 좋고 영양가가 높았으므로 후에 이름 있는 료리로 되었다는 이야기도 있다고 하는데, 오래전부터 육식문화가 발달했던 개성의 사정을 감안하면 개성 분들의 설렁탕 개성설이 이해가 된다. 15세기 이전부터 있었던 음식으로 전해오는 설렁탕은 주로 추운 겨울철에 즐겨 먹었는데 처음 생겨난 곳은 개성 지방으로 추측된다. 지난 날 개성 지방의 가난한 사람들은 돈이 없어 비싼 값으로 파는 고기를 사 먹을 수 없었으므로 잘사는 부자들이 못 먹을 것이라고 거들떠보지도 않는 소의 내장이나 발통(우족) 같은 것을 눅은 값으로 구해다가 뼈가 물러날 정도로 푹 끓여 먹곤 하였다. 그런데 이 맛이 참으로 구수한 데다가 영양가가 높아 몸을 추켜세우는 데는 그저 그만이였다. 허약한 사람들이 석 달 동안 설렁탕을 먹으면 건강이 회복된다는 소문까지 나서 이 설렁탕은 가난한 사람들은 물론 양반 부자들까지도 즐겨 먹게 되니 온 나라에 그 이름이 퍼지게 되였다. 설렁탕은 음식 감을 약한 불에서 설렁 설렁 오래도록 끓여 만든 탕이라는 뜻에서 붙인 이름이다. 일명 설렁탕을 국물 빛이 눈같이 희고 짙다는 뜻에서 '설농탕'이라고도 불러왔다. 설렁탕은 반드시 뚝배기에 담아 먹어야 구수한 자기 맛을 내는 것으로 알려져 있었으므로 오늘도 그렇게 하는 것이 하나의 관습으로 되고 있다.[93]

설렁탕에 국수를 말아 먹었다는 기록도 있다.[94] 하지만 설렁탕의 개성 기원설은 북한의 절대 권력자이자 음식을 고유한 문화체계로 인식한 김일성 전 주석에 의해 부정된다. 1981년에 발간된 잡지《천리마》12호에는 〈개성 특식〉이라는 글이 등장한다.

다른 한 일군이 개성 특식은 설렁탕인 것 같다고 다시 말씀 올렸다. 이에 수령님(김일성)께서는 설렁탕은 서울의 특식이라고 일깨워주시며 일급인들에게 알아보고 특식을 만들어 팔라고 말씀하시였다.

설렁탕이 개성의 특별 음식이 아닌 서울 음식이라고 명확하게 지적한 것이 인상적이다.

소대가리, 양지머리, 뼈, 발통, 내장 등 국거리에 물을 국거리 량의 8배 정도 두고 푹 끓인다. 푹 삶은 국거리의 고기와 내장 등은 뜯거나 썰고 뼈는 국에 다시 넣고 약한 불에서 오래 동안

(위부터) 마장동 진국설렁탕, 문화옥 설렁탕, 여의도 양지설렁탕. 그 유래가 무엇이든, 설렁탕은 한국인에게 '고깃국'의 상징이다.

끓여 뽀얗게 우려낸다. 대접에 고기를 담고 진한 국물을 붓는다. 서울의 대표적인 음식의 하나이며 예로부터 보양음식으로 전해 왔다. 소 한 마리에서 가죽과 오물을 제거하고 여러 부위의 살 과 뼈, 내장 등을 토막 내여 큰 가마에 통째로 넣고 20여 시간 끓였다. 오래 푹 끓여 국물이 뽀얗고 진한 데로부터 눈 설(雪)자, 진할 농(濃)자를 붙여 설렁탕이라고 하며 오랜 시간 설렁 설렁 끓인다고 하여 설렁탕이라고도 하였다.[95]

하지만 앞에 거론한 여러 조리서에서 알 수 있듯이, 북한에 서는 개성과 서울의 음식이라는 인식이 공존하고 있다.

맺는말

국물을 기본으로 하고 고기 하면 쇠고기를 떠올리는 한민 족에게 쇠고기의 부산물을 이용한 쇠고깃국은 최고의 음식 이었다. 보온 시설이 없던 시절, 미리 지은 식은 밥에 따듯한 쇠고기 국물을 더해 만든 탕반은 더할 나위 없이 편리한 외식 이었다. 거기에 반찬으로 김치가 더해지면 한국인이 이상적으 로 그리던 고깃국에 쌀밥과 깍두기, 김치가 더해진 음식, 설렁탕이 만들어진다.

설렁탕을 한양과 인근 지역의 서민들도 먹을 수 있게 되는 것은 18세기 쇠고기문화가 번성과 궤를 같이한다. 하지만 7세기나 8세기에도 소를 이용한 농경이 번성했으므로 조리법이나 이름은 달랐어도 고기 부산물을 이용한 고기 국물에 곡물을 먹는 문화가 존재했음은 추정할 수 있다.

몽골의 슐렝이 설렁탕의 어원일 개연성은 높지만 슐렝이 주로 양고기임을 감안하면 한민족이 주로 먹던 소를 이용한 고깃국의 변형은 불가피한 것이었다. 쇠고기를 제사에 쓰는 문화는 중국이나 일본에서도 거의 사라진 문화였지만, 성리학과 주례를 국가 제사의 기본으로 했던 조선은 제사에 소를 바치는 문화가 군건했고 돼지나 양 대신에 농경에 쓰이던 소를 더 즐겨 먹었다. 설렁탕 선농단설은 그동안 소설 같은 이야기로만 여겨졌지만, 선농단 제사를 자세히 들여다보면 선농제 때 쇠고깃국을 먹었을 개연성은 매우 높다.

20세기 초중반에 조선의 소 소비 증가와 더불어 일본의 군용 통조림용 살코기 소비와 스키야키 같은 민간 쇠고기 소비가 확대되었다. 내장이나 머리, 다리 등을 먹지 않는 일본인의 쇠고기문화 때문에 식민지 조선의 식재료 공급의 확장을 가져왔다. 1920년대 이후 경성은 빈민 인구가 급증할 때 저렴한 소의 부산물을 이용한 설렁탕의 폭발적인 성장을 거쳐 한국인의 대표 외식으로 정착하였다. 설렁탕은 이후에도 성장을 거듭해 1970년대까지 이어진 만성적인 식량 부족의 시대에 서민들의 음식으로 자리 잡았다. 그 중심지는 조선시대부터 지금까지 서울이었다.

미주

1. 박정배, 〈설렁탕〉,《음식강산 3》, 한길사, 2015.

2. 《동아일보》, 1926. 8. 11.

3. 강명관, 〈조선후기 체제의 반인 지배와 반인의 대응〉,《한국문화연구》 제15호, 2008년 12월, 79-111쪽.

4. 典僕洪以寧等, "設太學置典僕之初… 亦許屠肆一路以爲資生服役之地", 市民腊錄, 庚午1750年)6月 *日.

5. 《중종실록》7년(1512)10월 30일자, "成均館所餉儒生數夥, 不能繼饌, 以牛肉供饋, 其來已久, 是時生員丁自堅獨不食, 朴薰. 尹自任等倡言:'禁肉不可用於學宮'. 群議不食, 而諸生於齋中及明倫堂食之, 唯食堂齋會處不食, 識者憂其矯激."; 《명종실록》9년(1554) 5월 4일자, "況近來牛肉之禁甚嚴, 諸生未免無魚之歎, 典僕亦皆窮殘, 不能供饋."

6. 강명관, 〈조선후기 체제의 반인 지배와 반인의 대응〉,《한국문화연구》 제15호, 2008년 12월, 79-111쪽.

7. 강명관, 위의 책.

8. 최은정, 〈18세기 현방의 상업활동과 운영〉, 《이화사학연구》 23·24호, 1997년, 83-112쪽.

9. 최은정, 위의 책.

10. 김동철, 〈18세기 氷契의 창설과 도고활동〉, 《부대사학釜大史學》 19호, 1995년 6월, 383-414쪽.

11. 박정배, 〈설렁탕〉, 《음식강산 3》, 한길사, 2015.

12. 〈경성명물집〉, 《별건곤》, 1929. 9. 27.

13. 박정배, 〈설렁탕〉, 《음식강산 3》, 한길사, 2015.

14. 〈사실 속의 우리 동네 봉래동〉, 《동아일보》, 1975. 5. 20.

15. 〈설넝탕長橋町〉, 《동아일보》, 1924. 7. 13.

16. 《별건곤》, 1929. 9. 27. "자암동은 조선총독부가 1914년 4월에 경성부제를 실시하면서 주변의 반석방, 연지동, 분동 등과 함께 봉래정 1정목丁目이라 했다. 해방 후 1946년 10월 봉래동 1가와 2가로 고쳤다."

17. 박정배, 〈설렁탕〉, 《음식강산 3》, 한길사, 2015.

18. 박정배, 위의 책.

19. 《조광》, 1941년 1월호.

20. 현재 마포 설렁탕의 명성을 이어가고 있는 곳은 마포대교 근처의 '마포옥'과 공덕역 부근의 '마포양지설렁탕'이다. 마포 주차장으로 가는 길에 '마포옥'과 '서씨해장국'이 있다.

21. 〈노포 마포옥〉, 《선데이서울》, 1971. 7. 18.

22. 위의 책.

23. 《매일신보》, 1920. 10. 8.

24. 《동아일보》, 1924. 6. 28.

25. 《매일신보》, 1924. 10. 2.

26. 김영근, 〈일제하 경성 지역의 사회·공간구조의 변화와 도시경험 : 중심-주변의 지역분화를 중심으로〉, 《서울학연구》 제20호(2003년 3월), 139-180쪽.

27. 石川寛子, 江原絢子 編著,《近現代の食文化》, 弘学出版, 2002.

28. 金貞蘭,〈地域社会から見る帝国日本と植民地: 朝鮮·台湾·満洲〉,《開港期釜山における朝鮮牛の輸出と「輸出牛検疫所」の設置》, 思文閣出版, 2013.

29. 蔣允杰,〈軍需牛肉缶詰生産と朝鮮 -日露戦争以降における鎮海湾海軍用地の牧場建設計画を事例に〉,《日韓相互認識》, Vol. 07(Nov. 2016).

30. 저자미상,〈牛肉の直を下る伝〉,《日本畜牛雑誌》 제6호(1905년 5월), 33頁.〈野間万里子 近代日本の肉食史研究の展望:食生活史の研究動向を踏まえて〉,《経済史研究》16권(2013년), 六四-六五頁.에서 재인용.

31. 野間万里子,〈近代日本の肉食史研究の展望:食生活史の研究動向を踏まえて〉,《経済史研究》, 16권 2013.

32. 大江志乃夫,《日路戦争の軍事的研究》, 東京: 岩波書店, 1976.

33. 缶詰組合と佐藤獣医,《朝鮮日報》, 1905년 2월 5일; 野間万里子,〈近代日本の肉食史研究の展望:食生活史の研究動向を踏まえて〉, 経済史研究》, 16권 2013년, 六四-六五頁.에서 재인용.

34. 조선총독부,《生活狀態調查 其二, 濟州道》, 1929.

35. 조선총독부, 위의 책.

36. 金貞蘭,〈地域社会から見る帝国日本と植民地: 朝鮮·台湾·満洲〉,《開港期釜山における朝鮮牛の輸出と「輸出牛検疫所」の設置》, 思文閣出版, 2013.

37. 金貞蘭, 위의 책.

38. 真嶋亜有,〈肉食という近代 -明治期日本における食肉軍事需要と肉食観の特徴〉,《アジア文化研究別冊》11호(2002년 9월 30일), 213-230쪽.

39. 蔣允杰,〈軍需牛肉缶詰生産と朝鮮-日露戦争以降における鎮海湾海軍用地の牧場建設計画を事例に〉,《日韓相互認識》, Vol. 07(Nov. 2016).

40.《매일신보》, 1923. 9. 9.

41.《매일신보》, 1940. 9. 7.

42. 주영하·김혜숙·양미경, 《한국인, 무엇을 먹고 살았나》, 한국학중앙연구원, 2017, 29쪽.

43. 《경향신문》, 1948. 10. 5.

44. 《경향신문》, 1963. 7. 10.

45. 주영하·김혜숙·양미경, 《한국인, 무엇을 먹고 살았나》, 한국학중앙연구원, 2017, 21쪽.

46. 《경향신문》, 1965. 5. 20.

47. 《매일경제》, 1968. 8. 26.

48. 《경향신문》, 1978. 4. 20.

49. 北川佐人 편, 《朝鮮固有色辭典》, 東京: 靑壹發行所, 1932.

50. 〈괄세 못할 경성 설녕탕〉, 《별건곤》, 1929. 12. 1.

51. 白寬洙, 《京城便覽》, 京城: 弘文社, 1929.

52. 淺川巧, 《朝鮮陶磁名考》, 東京: 工政會出版部, 1931.

53. 《매일신보》, 1911년 11월 15일자. "각 음식상 단속. 근일 한성 내에서 탕반영업자와 설넝탕상인과 매주賣酒영업을 한 자와 기타 각종 음식상들이 위생의 여하를 부원려하고 각 식료품이 부정할 뿐 아니라 기혈[접시 그릇] 등도 추악하야 위생에 방해가 불소한 고로 당국에서는 이를 엄중히 단속하기로 협의중이라더라."

54. 《조광》, 1941년 1월호.

55. 김화진, 〈설넝설넝 끓는 것이라〉, 《경향신문》, 1954년 8월 29일. "누대전업가屢代專業家에 물은 즉, 고려 말년에 개성에서 육수를 잘 끓이던 설령이라는 사람이 한양(서울)으로 천도할 때에 따라와서 그 영업을 계속한 고로 설령탕이라 하였다 하나 모호한 말이요."

56. 박정배, 〈설렁탕〉, 《음식강산 3》, 한길사, 2015.

57. 서정범, 《새국어어원사전》, 보고사, 2018. "국은 고기나 나물 따위에 물을 알맞게 붓고 간을 맞추어 끓인 음식의 하나이다. 《역어유해譯語類解》(1690년)에 '국먹다哈湯'로 처음 등장한다. 국의 조어는 국〉굴〉굵〉국

의 변화이다."

58. 黃金貴, 胡丽珍, 〈评王力的 "羹, 湯" 说〉, 《浙江大学学报》, 2005년 1월 (Vol.35, no.1).

59. 孔子, 《禮記》〈內則 羹食〉, 自諸侯以下至于庶人無等. 前漢.

60. 정구복 외, 《역주 삼국사기 4-주석편 하》, 한국정신문화연구원, 1997, 532. "이것은 당唐에서 진선상식進膳嘗食의 일을 맡은 전선국典膳局에 대응된다."

61. 문서의 연대는 695년, 755년, 815년의 세 가지 설이 있다.

62. 이영훈, 《한국경제사 1》, 일조각, 2016, 152-153쪽.

63. 서긍徐兢 《선화봉사고려도경宣和奉使高麗圖經》 제23권 屠宰, 〈雜俗 2〉, 1123.

64. 고율시古律詩 44수, 《동국이상국집東國李相國集》 제5권.

65. 《고려사절요》 권12, 明宗光孝大王一, 명종 5년(1175년) 9월, 유응규의 졸기.

66. 김방경, 〈원 황제가 김방경을 사면하고 위로하다.〉, 列傳 제17권, 諸臣, 《고려사》 권104. "황제가 조서를 내려 김방경에게 중선대부 관령고려국 도원수中善大夫 管領高麗國都元帥를 제수하였다. 당시 김방경이 원에 하정 사로 갔었는데, 황제가 대명전大明殿에 나아가 하례를 받았는데, 4품 이 상은 전각에 올라 연향에 참석할 수 있었다. 김방경 또한 '연향에' 함께 '참석'할 수 있었는데, 황제가 따뜻한 말로 위로하고, 승상의 다음 자리 에 앉을 것을 명하고, 진귀한 반찬을 내리고 또 백반白飯과 생선국을 주 면서 말하기를, '고려인들은 이것들을 좋아한다.'"

67. 박정배, 〈설렁탕〉, 《음식강산 3》, 한길사, 2015.

68. 박정배, 위의 책.

69. 나라의 큰 제사에 쓰는 기장과 피를 가리킨다.

70. 〈적전耤田〉, 《만기요람》 재용편 2.

71. 허목許穆, 《기언記言》〈사시 친경에 대한 차자親耕箚〉, 제54권 속집.

72. 이욱, 〈조선시대 친경례의 변천과 그 의미〉, 《종교연구》 34, 2004, 290쪽 각주2의 표 재인용.

연도(왕)	성종	연산	중종	명종	선조	영조	고종	순종	총
거행연도	6.19.24	10	8.24	8	5	15.29.40.43	8	3.4	
회수	3	1	2	1	1	4	1	2	16

73. 종묘 제사에 올릴 짐승을 죽이는 데 쓰는 칼로, 칼날의 끝과 등에 작은 방울을 달았다.

74. 세종 오례, 길례 의식, 친향 선농의親享先農儀, 《조선왕조실록》 세종실록.

75. 울금향鬱金香을 넣어 빚은 향기 나는 술. 제사의 강신降神에 씀.

76. 〈사시 친경에 대한 차자親耕箚〉, 《기언》 제54권 속집. "宰夫陳饗. 膳宰監之. 膳夫 贊王. 王歆太牢班嘗之. 庶民終食."

77. 〈정개춘 형제에게 답함〉, 《갈암집》 제15권 서書, 숙종 24년(1698년).

78. 허목, 《기언》 〈사시 친경에 대한 차자〉, 제54권 속집.

79. 허목, 《기언》 〈친경에 대한 의논〉, 제49권 속집 예禮 1.

80. 주나라 좌구명左丘明(기원전 502~422년 추정)이 《좌씨전左氏傳》을 쓰기 위하여 각국의 역사를 모아 찬술한 것. "先時五日, 瞽告有協風至, 王即 齋宮, 百官御事, 各即其齋三日. 王乃淳濯饗醴, 及期, 鬱人薦鬯, 犧人薦 醴, 王裸鬯, 饗醴乃行, 百吏´庶民畢從. 及籍, 后稷監之, 膳夫´農正陳籍 禮, 太史贊王, 王敬從之. 王耕一壞, 班三之, 庶民終于千畝, 其后稷省 功, 太史監之 ; 司徒省民, 太師監之 ; 畢, 宰夫陳饗, 膳宰監之. 膳夫贊王, 王歆大牢, 班嘗之, 庶人終食."

81. 《친경 의궤》 〈전교·계사〉, 건륭 32년 정해(1767, 영조 43) 1월 10일.

82. 허목, 《기언》 〈사시 친경에 대한 차자〉, 제54권 속집.

83. 강기운, 〈설렁탕이 몽골 음식이라고?〉, 《틱스바야르 에르데네 말과 글》 제121호(2009년 겨울), 72-75쪽.

84. 김무림, 《한국어 어원사전》, 지식과 교양, 2015.

85. 서정범 지음, 박재양 엮음, 《새국어어원사전》 신판 1쇄, 보고사, 2018.

86. 김천호, 〈Mongol秘史의 飮食文化〉, 《몽골학》 제15호(2003. 8), 181-204쪽.

87. 시노다 오사무(篠田統), 윤서석 외 옮김, 《중국 음식 문화사》, 민음사, 1995, 183쪽.

88. 김천호, 〈몽골과 중앙아시아의 식문화 비교〉, 《한·몽 민속문화의 비교》, 민속원, 2002.

89. 《몽골비사蒙古秘史》, 일명 "원조비사元朝秘史". 저자 미상의 13세기 저서로, 현존 최고最古의 몽골어 역사서라 불린다.

90. 유원수 역주, 《몽골비사》, 도서출판 혜안, 1994. 19, 124, 192, 214, 229, 232, 279, 280, 281쪽. "어느 봄날, 말려 저장해 두었던 양을 삶고"(19쪽) "2살 난 거세 양의 국을 만들어 아침에 안 모자라도록 하겠습니다!"(124쪽)

91. 유애령, 〈몽고가 고려의 육류 식용에 미친 영향〉, 《國史館論叢》 제87집(1999. 12), 221-237쪽.

92. 《고려사절요》 제34권, 恭讓王 元年(1389년) 12월. "食爲民天, 穀由牛出. 是以本國有禁殺都監, 所以重農事厚民生也. 韃靼水尺, 以屠牛代耕食, 西北面尤甚, 州郡各站皆宰牛饋客, 而莫之禁. 宜令禁殺都監及州郡守令申行禁令, 其有捕獲告官者, 以本人家產充賞, 犯者, 以殺人論."

93. 《문화어학습》 2003년 4호.

94. 조대일, 《조선식생활사 1》, 사회과학출판사(평양), 2015.

95. 조대일, 《조선식생활사 2》, 사회과학출판사(평양), 2015.

한국음식문화포럼

미식가적 안목과 음식연구가적 자세를 가진 전국의 식문화 전문가들이 의기투합해 만든 모임이다. 음식의 지역시대, 지역음식의 네트워크화, 지역음식 정보의 교류와 포럼을 통한 한식의 지평 확대를 목표로 한다. 2017년 4월 8일 대구에서 첫 모임을 가졌고, 3개월에 한 번씩 지역을 달리하며 음식문화 체험과 포럼을 개최하고 있다.

회원 가나다순

김성윤

조선일보 음식 전문기자다. 2000년 입사해 기자로 일한 20여 년 중 15년간 음식 분야를 취재했다. 이탈리아에 있는 국제슬로푸드협회 설립 미식학대학UNISG에서 '이탈리아 지역별 파스타 비교 분석'으로 석사 학위를 받았다. 지은 책으로 《커피 이야기》《식도락계 슈퍼스타 32》《세계인의 밥》《이탈리아 여행 스크랩북》《음식의 가치》(공저)가 있다. 방송, 유튜브 등 다른 매체로 활동 영역을 넓혀가는 중이다.

김준

어촌사회 연구로 학위를 받은 후 30여 년을 섬과 어촌 그리고 갯벌에 기대어 사는 사람과 생물에 눈을 맞추고 있다. 뭍에서 파괴된 오래된 미래가 바다에 있을 것이라는 확신으로 갯살림과 섬살이의 지혜를 찾고 있다. 그것이 미래세대에게 지속가능한 지구를 물려주는 일이라 생각하기 때문이다. 지은 책으로 《김준의 갯벌이야기》《어떤 소금을 먹을까?》《바다 맛기행 1, 2, 3》《섬: 살이》《섬문화 답사기 1, 2, 3》 등이 있다. 지금도 갯벌과 바다, 섬과 어촌을 찾아 그 가치를 글과 사진으로 기록하고 있다.

박정배

음식 칼럼니스트이자 음식 역사·문화 연구가다. 한국, 중국, 일본의 음식 역사와 문화를 현장과 연결하는 연구에 집중하고 있다. 지은 책으로《음식 강산 1, 2, 3》《한식의 탄생》등이 있으며, 〈박정배의 한식의 탄생〉등 신문과 잡지에 다수의 글을 써왔다. 〈중화대반점〉〈대식가들〉같은 방송 프로그램에도 출연하고 있다.

양용진

제주 토박이다. 제주향토음식 1호 명인인 모친의 연구를 토대로 30여 년간 제주의 향토음식문화에 대한 재조명 작업을 진행하고 있다. 특히 기록이 존재하지 않는 전통음식의 근본을 찾는 작업을 진행하며, 가족기업으로 요리학원과 제과학원을 운영하고 있고, 슬로푸드와 로컬푸드 활동가로서 방송과 기고 활동을 활발히 진행하고 있다. 산업화로 변질되어가는 제주 음식의 원형 보존과 함께 발전 방향을 찾기 위해 직접 제주 향토음식 전문점을 운영하는 오너 셰프이기도 하다.

이상희

사진가, 향토음식 연구가. 통영에 살면서 20여 년간 통영과 통영의 섬들을 사진으로 기록하고 있다. 2011년 11월 태안 오션캐슬 〈한려해상비경〉, 2012년 5월 통영 거북선호텔 아트홀 개관 초대전 〈별 하나 떨어져 섬이 되다〉, 2014년 통영 사회복지관 재능기부 〈아름다운통영〉, 오스트리아 린츠 통영 풍경전 등 개인전을 열었다. 오랫동안 통영의 바다와 섬 음식을 담은 아름다운 사진들은 원형이 사라져가는 통영 바다와 섬, 음식에 대한 기록이다.

이춘호

대구에서 태어나 한양대 경제학과 박사과정을 수료했다. 2000년부터 대구 향토사를 연구하면서 자연스럽게 대구 따로국밥과 육개장의 상호관계를 연구한다. 덕분에 지방의 첫 푸드 스토리텔러가 된다. 지은 책으로 2007년에 나온 대구의 첫 음식인문학 저서인《달구벌의 맛과 멋》《경북의 산채를 찾아서》《대구음식견문록》등이 있다. 현재《영남일보》음식 전문기자이자, 달빛포크협회 대구 대표와 대구음식문화학교 교장으로 살고 있다.

최원준

시인이자 음식문화 칼럼니스트다. 부산 지역학인 '부산학'을 공부하며, 그 일환으로 부산·경남의 음식이 그 지역과 지역 사람들에게 끼치는 관계를 인문학적으로 연구, 기록하고 있다. 음식으로 지역의 사회문화 전반을 소개하는 '음식문화해설사'를 주창, 현재 동의대학교 '부산음식문화해설사' 양성과정을 개설, 운영하고 있으며, 인문학공간 '수이재' 대표, 동의대학교 평생교육원 교수로 활동 중이다. 지은 책으로, 시집《오늘도 헛도는 카세트테이프》《금빛미르나 무숲》《북망》, 음식문화 칼럼집《음식으로 읽는 부산현대사》《부산탐식프로젝트》, 편저《이야기 숟가락 스토리 젓가락》, 공저로 지역인문연구서《낙동강 물길 따라 역사 따라》《부산 발전 50년 역사이야기》등이 있다.